公民新法早知道系列

最新个人信息保护法100问

图文版

中国法制出版社
CHINA LEGAL PUBLISHING HOUSE

前言／Preface

随着信息化与经济社会持续深度融合，网络已成为生产生活的新空间、经济发展的新引擎、交流合作的新纽带。截至2020年3月，我国互联网用户已达9亿，互联网网站超过400万个、应用程序数量超过300万个，个人信息的收集、使用更为广泛。在信息化时代，个人信息保护已成为广大人民群众最关心最直接最现实的利益问题之一。党中央高度重视网络空间法治建设，对个人信息保护立法工作作出部署。习近平总书记多次强调，要坚持网络安全为人民、网络安全靠人民，保障个人信息安全，维护公民在网络空间的合法权益，对加强个人信息保护工作提出明确要求。

从《网络安全法》的施行，到《民法典》的编纂出台，再到《数据安全法》的出台，在数字经济发展和法治建设进程中，我国个人信息保护法律制度逐步建立并不断发展完善。制定个人信息保护法，是进一步加强个人信息保护法制保障的客观要求，是维护网络空间良好生态的现实需要，是促进数字经济健康发展的重要举措。历经三年起草制定工作后，2021年8月20日，中华人民共和国第十三届全国人民代表大会常务委员会第三十次会议通过了《中华人民共和国个人信息保护法》(以下简称《个人信息保护法》)，该法将自2021年11月1日起正式施行。

《个人信息保护法》是及时回应广大人民群众的呼声和期待、落实党中央部署要求而制定的个人信息保护方面的专门法律，其制定和实施，对于织密个人信息保护的法治之网，将广大人民群众的个人信息权益实现好、维护好、发展好，具有重要意义。

《个人信息保护法》共74条，分为“总则”“个人信息处理规则”“个人信息跨境提供的规则”“个人在个人信息处理活动中的权利”“个人信息处理者的义务”“履行个人信息保护职责的部门”“法律责任”及“附则”八章，主要突出了以下立法亮点：确立个人信息保护原则；规范处理活动保障权益；禁止“大数据杀熟”，规范自动化决策；严格保护敏感个人信息；规范国家机关处理活动；赋予个人充分权利；强化个人信息处理者义务；赋予大型网络平台特别义务；规范个人信息跨境流动；健全个人信息保护工作机制。

为帮助广大读者了解《个人信息保护法》的理念、精神和规定，我们特别编写出版了《最新〈个人信息保护法〉100问》一书。全书分为看图学法、问答解法和案例释法三部分，编者精选了《个人信息保护法》所涉及的实用问题编撰成书。本书通过生动的插图、凝练的问答和鲜活的案例为读者全面解读《个人信息保护法》，是广大人民群众保护个人信息权益的必读书。

目录／Contents

第一篇　看图学法

第二篇　问答解法

第一篇
看图学法

1. 什么是法律意义上的个人信息?

《个人信息保护法》

第四条　个人信息是以电子或者其他方式记录的与已识别或者可识别的自然人有关的各种信息，不包括匿名化处理后的信息。

个人信息的处理包括个人信息的收集、存储、使用、加工、传输、提供、公开、删除等。

普法讲堂

《民法典》第一千零三十四条第二款规定："个人信息是以电子或者其他方式记录的能够单独或者与其他信息结合识别特定自然人的各种信息，包括自然人的姓名、出生日期、身份证件号码、生物识别信息、住址、电话号码、电子邮箱、健康信息、行踪信息等。"《网络安全法》第七十六条第五项规定："个人信息，是指以电子或者其他方式记录的能够单独或者与其他信息结合识别自然人个人身份的各种信息，包括但不限于自然人的姓名、出生日期、身份证件号码、个人生物识别信息、住址、电话号码等。"日常生活中，我们的身份证、驾驶证、护照等个人证件上往往都记载着我们重要的个人信息，如姓名、身份证件号码等。一方面，这些个人信息是受到法律充分保护的；另一方面，我们自己也要增强个人信息保护意识，不要随意公开自己的重要个人信息，以免个人信息被不法分子利用，损害自身合法权益。

2. 处理个人信息需要有明确合理的目的吗？

《个人信息保护法》

第六条 处理个人信息应当具有明确、合理的目的，并应当与处理目的直接相关，采取对个人权益影响最小的方式。

收集个人信息，应当限于实现处理目的的最小范围，不得过度收集个人信息。

普法讲堂

为了更好地保护个人信息权益，有效协调个人权益保护和网络科技创新、数字经济发展之间的关系，《个人信息保护法》第六条规定处理个人信息应当具有明确、合理的目的，并应当与处理目的直接相关，采取对个人权益影响最小的方式，限于实现处理目的的最小范围。在推销人员推销游泳课的案例中，推销人员收集客户的个人信息本应当以方便与客户联系沟通为目的，那么收集客户的电话号码就是合理必要的，但是推销人员还要求客户填写身份证号、工作单位等与报名参加游泳课无关的个人信息，这显然是不合理的。在日常生活中，我们经常遇到类似的事情，在面对商家滔滔不绝的游说时，我们一定要增强自我保护意识，谨慎提供自己的个人信息。

3. 可以随便在网上公开他人个人信息吗?

《个人信息保护法》

第十条　任何组织、个人不得非法收集、使用、加工、传输他人个人信息，不得非法买卖、提供或者公开他人个人信息；不得从事危害国家安全、公共利益的个人信息处理活动。

普法讲堂

在我国，个人信息受法律保护。除《个人信息保护法》外，《民法典》第一百一十一条也规定："……任何组织或者个人需要获取他人个人信息的，应当依法取得并确保信息安全，不得非法收集、使用、加工、传输他人个人信息，不得非法买卖、提供或者公开他人个人信息。”《网络安全法》第四十四条还规定：“任何个人和组织不得窃取或者以其他非法方式获取个人信息，不得非法出售或者非法向他人提供个人信息。”小石因私人矛盾将同事小周的个人信息非法公开发布到网络上，导致小周被客户围堵，其行为严重侵害了小周的合法权益，要承担相应的法律责任。我们在日常生活中要尊重他人的个人信息权益，不得非法买卖、提供或者公开他人个人信息，更不得从事危害国家安全、公共利益的个人信息处理活动。

4. 国家如何建立健全个人信息保护制度？

《个人信息保护法》

第十一条　国家建立健全个人信息保护制度，预防和惩治侵害个人信息权益的行为，加强个人信息保护宣传教育，推动形成政府、企业、相关社会组织、公众共同参与个人信息保护的良好环境。

普法讲堂

随着《民法典》《个人信息保护法》《数据安全法》《网络安全法》等法律的颁行，我国个人信息保护基本法律体系已初具规模。个人信息保护制度应当全方位、多层次、多角度，不仅包括静态的国家立法活动，而且包括动态的行政执法和司法活动。此外，个人信息保护工作还需要全社会的共同参与和推动，需要政府、企业、相关社会组织、公众共同努力，在全社会形成注重个人信息保护的良好氛围和良好环境，从而有效地预防和惩治侵害个人信息权益的行为。特别是社区，作为基层治理的“最后一公里”，应当积极行动起来，充分发挥作用，通过开展丰富多彩的活动加强个人信息保护宣传，帮助群众树立个人信息保护意识。

5. 公共场所安装图像采集设备应设置显著的提示标识吗?

《个人信息保护法》

第二十六条　在公共场所安装图像采集、个人身份识别设备，应当为维护公共安全所必需，遵守国家有关规定，并设置显著的提示标识。所收集的个人图像、身份识别信息只能用于维护公共安全的目的，不得用于其他目的；取得个人单独同意的除外。

普法讲堂

近年来，随着人脸识别、人工智能和大数据技术日新月异的发展，通过在公共场所安装图像采集和个人身份识别设备，可以随时对自然人的脸部特征、指纹信息等生物识别信息以及行踪轨迹等其他个人信息进行处理。公安机关还可以利用天网系统从人流中识别出正在被网上追逃的犯罪分子，大大提高了公共场所的安全保障力度。但与此同时，如何保障公共场所个人信息安全也成为公众热议的话题。根据《个人信息保护法》的规定，在公共场所安装电子监控，要做到两点：一是设置显著的提示标识，如高铁站里的“你已进入电子监控区域”标识，提示乘客其个人图像正在被采集；二是确保所收集的个人信息只用于维护公共安全，而不被擅自用于其他目的。

6. 银行卡卡号属于敏感个人信息吗?

《个人信息保护法》

第二十八条　敏感个人信息是一旦泄露或者非法使用，容易导致自然人的人格尊严受到侵害或者人身、财产安全受到危害的个人信息，包括生物识别、宗教信仰、特定身份、医疗健康、金融账户、行踪轨迹等信息，以及不满十四周岁未成年人的个人信息。

只有在具有特定的目的和充分的必要性，并采取严格保护措施的情形下，个人信息处理者方可处理敏感个人信息。

普法讲堂

所谓敏感个人信息，是指一旦泄露或者非法使用，容易导致自然人的人格尊严受到侵害或者人身、财产安全受到危害的个人信息。正因为敏感个人信息关系到个人的人格尊严和人身、财产安全，所以法律应当采取更为严格的保护措施，确保公民敏感个人信息的安全。银行卡记载着个人金融账户信息，属于敏感个人信息，一旦泄露很有可能被不法分子利用进行诈骗等违法犯罪活动，或者带来如账户资金被盗取等账户安全风险。所以我们在使用手机应用软件（APP）时，遇到需要拍照上传银行卡照片或者提供银行卡卡号的情况，应当多加留心，不要轻易将如此重要的信息上传至网络，以免造成不必要的经济损失。

7. 信息处理者能直接处理不满 14 周岁未成年人的个人信息吗?

《个人信息保护法》

第三十一条　个人信息处理者处理不满十四周岁未成年人个人信息的，应当取得未成年人的父母或者其他监护人的同意。

个人信息处理者处理不满十四周岁未成年人个人信息的，应当制定专门的个人信息处理规则。

普法讲堂

未成年人，尤其是不满 14 周岁的未成年人，由于年龄尚小，心智发育不成熟，认识和理解能力较差，其既不了解个人信息处理的风险与后果，也不清楚自己在个人信息处理方面所享有的权利。因此，《个人信息保护法》对不满 14 周岁未成年人给予特别保护，即处理不满 14 周岁未成年人个人信息必须取得其父母或者其他监护人的同意，这也是“最有利于未成年人原则”的体现。未成年人应当树立个人信息保护意识，遇到收集个人信息的情况，要及时与父母或者其他监护人沟通，询问他们的意见，在不了解个人信息处理的风险与后果的情况下，不要轻易将自己的个人信息告诉别人。

8. 我国境内收集和产生的个人信息存储在哪里？

《个人信息保护法》

第四十条　关键信息基础设施运营者和处理个人信息达到国家网信部门规定数量的个人信息处理者，应当将在中华人民共和国境内收集和产生的个人信息存储在境内。确需向境外提供的，应当通过国家网信部门组织的安全评估；法律、行政法规和国家网信部门规定可以不进行安全评估的，从其规定。

普法讲堂

《网络安全法》第三十一条第一款规定：“国家对公共通信和信息服务、能源、交通、水利、金融、公共服务、电子政务等重要行业和领域，以及其他一旦遭到破坏、丧失功能或者数据泄露，可能严重危害国家安全、国计民生、公共利益的关键信息基础设施，在网络安全等级保护制度的基础上，实行重点保护。关键信息基础设施的具体范围和安全保护办法由国务院制定。”在这个互联网技术日新月异的时代，信息安全越来越成为国家安全的重要组成部分，而关键信息基础设施运营者和处理个人信息达到国家网信部门规定数量的个人信息处理者，往往掌握着大量公民个人信息，如果这些个人信息被非法泄露至国外，将对我国国家安全造成威胁。因此，这些在我国境内收集和产生的个人信息，应当存储在我国境内，确需向境外提供的，应当通过国家网信部门组织的安全评估。相关企业应当保持高度自觉，落实主体责任，配合国家网信部门工作，切实维护我国信息安全。

9. 个人可以拒绝他人处理自己的个人信息吗?

《个人信息保护法》

第四十四条　个人对其个人信息的处理享有知情权、决定权，有权限制或者拒绝他人对其个人信息进行处理；法律、行政法规另有规定的除外。

普法讲堂

根据《个人信息保护法》的相关规定，个人有权限制或者拒绝他人对其个人信息进行处理；有权向个人信息处理者查阅、复制其个人信息；发现其个人信息不准确或者不完整的，有权请求个人信息处理者更正、补充；有权请求个人信息处理者删除其个人信息；还有权要求个人信息处理者对其个人信息处理规则进行解释说明。随着互联网技术的普及和发展，我们的生活越来越离不开各种软件。很多软件在用户下载使用时，都会要求用户同意“用户协议和隐私协议”，但有些协议却隐藏着“霸王条款”，比如要求用户提供详细个人信息，或者同意其通过技术手段自行收集用户个人信息，否则就无法使用该软件。遇到这样的情况，我们一定要提高警惕，可以要求软件开发商说明收集该个人信息的目的，也可以直接拒绝提供自己的个人信息，这是法律赋予我们的权利。

10. 发生个人信息泄露时，信息处理者应该怎么办？

《个人信息保护法》

第五十七条　发生或者可能发生个人信息泄露、篡改、丢失的，个人信息处理者应当立即采取补救措施，并通知履行个人信息保护职责的部门和个人。通知应当包括下列事项：

（一）发生或者可能发生个人信息泄露、篡改、丢失的信息种类、原因和可能造成的危害；

（二）个人信息处理者采取的补救措施和个人可以采取的减轻危害的措施；

（三）个人信息处理者的联系方式。

个人信息处理者采取措施能够有效避免信息泄露、篡改、丢失造成危害的，个人信息处理者可以不通知个人；履行个人信息保护职责的部门认为可能造成危害的，有权要求个人信息处理者通知个人。

普法讲堂

无论是由于个人信息处理者的内部原因，还是由于外部原因，如人为原因或自然原因（黑客攻击、地震等自然灾害），将要导致或者已经导致了个人信息泄露、篡改、丢失，都会使得个人权益处于危险境地或者直接遭受损害。这是因为那些在个人信息泄露时非法取得个人信息的人或者非法篡改个人信息的人，目的就是从事各种侵害他人合法权益的违法犯罪活动。个人信息处理者掌握大量个人信息，应当主动承担起保护个人信息的职责，可以提前制定个人信息泄露应急预案，发生或者可能发生个人信息泄露、篡改、丢失的，立即启动应急预案，采取技术补救措施，并及时将情况通知个人信息保护部门和个人，切实保障公民的个人信息安全。

11. 个人信息权益被侵犯了怎么办？

《个人信息保护法》

第六十一条　履行个人信息保护职责的部门履行下列个人信息保护职责：

（一）开展个人信息保护宣传教育，指导、监督个人信息处理者开展个人信息保护工作；

（二）接受、处理与个人信息保护有关的投诉、举报；

（三）组织对应用程序等个人信息保护情况进行测评，并公布测评结果；

（四）调查、处理违法个人信息处理活动；

（五）法律、行政法规规定的其他职责。

普法讲堂

除《个人信息保护法》外，很多法律都对职责部门接受、处理投诉、举报的义务作出了规定。《网络安全法》第十四条第一款规定："任何个人和组织有权对危害网络安全的行为向网信、电信、公安等部门举报。收到举报的部门应当及时依法作出处理；不属于本部门职责的，应当及时移送有权处理的部门。"《数据安全法》第十二条规定："任何个人、组织都有权对违反本法规定的行为向有关主管部门投诉、举报。收到投诉、举报的部门应当及时依法处理。有关主管部门应当对投诉、举报人的相关信息予以保密，保护投诉、举报人的合法权益。"《未成年人保护法》第七十九条规定："任何组织或者个人发现网络产品、服务含有危害未成年人身心健康的信息，有权向网络产品和服务提供者或者网信、公安等部门投诉、举报。"履行个人信息保护职责的部门依法履行个人信息保护职责，接受、处理与个人信息保护有关的投诉、举报。因此，当我们发现自己的个人信息合法权益被侵犯时，可以向有关部门进行投诉、举报，要求有关部门调查、处理违法个人信息处理活动，维护我们的合法权益。

12. 对于侵害多人个人信息权益的情况，哪些主体可以提起公益诉讼？

《个人信息保护法》

第七十条　个人信息处理者违反本法规定处理个人信息，侵害众多个人的权益的，人民检察院、法律规定的消费者组织和由国家网信部门确定的组织可以依法向人民法院提起诉讼。

普法讲堂

公益诉讼是指由特定的机关、社会团体或个人提起的，旨在维护社会公共利益的诉讼活动。在现代网络信息时代，个人信息处理者处理的个人信息数量极大，涉及众多个人，一旦出现违法处理个人信息的行为，如个人信息泄露、非法收集个人信息等，将侵害众多个人的合法权益。然而，由于此种侵害众多个人权益的非法处理行为并不直接损害特定个人的民事权益，加之个人在面对此种情形时，与个人信息处理者的力量对比往往具有较大差异，维权能力有限，故而需要通过建立个人信息保护公益诉讼制度，更有效地维护社会公共利益。近年来，我国不少法律对公益诉讼作出了规定，而将公益诉讼制度引入个人信息保护领域，由人民检察院、法律规定的消费者组织和由国家网信部门确定的组织提起个人信息保护公益诉讼，能够切实充分地保障社会公共利益和公民个人的合法权益。

第二篇
问答解法

第一章 总 则

1. 个人信息保护的目的是什么？

个人信息是以电子或者其他方式记录的与已识别或者可识别的自然人有关的各种信息，因此个人信息的产生是一个极度复杂和多元的过程，个人信息保护则是在复杂多元的信息时代里进行的一项更为复杂的任务。其复杂性主要表现在已有经验之外仍然有其他可能性存在，而无法对所有的可能性做出经验性的判断。也就是说，由于个人信息存在不特定性和多样性，个人信息的保护手段并不能涵盖所有的个人信息，以现有的法律规范和社会经验不能穷尽所有的个人信息保护形式。在这样的情形之下，就必须确立个人信息保护的目的，也就是树立个人信息保护的宗旨，只有这样才能在复杂多元的信息当中确立起信息保护的手段。明确信息保护的目的是进行个人信息保护的基础。

《个人信息保护法》第一条规定："为了保护个人信息权益，规范个人信息处理活动，促进个人信息合理利用，根据宪法，制定本法。"个人信息保护目的的实质就是保护个人信息利益，促进个人信息的合理利用，规范个人信息处理活动是实现该目的的手段。在当下复杂的社会环境下，个人信息具有极高的市场价值，越来越多的个人信息面临着被泄露、被违法使用的风险。在这样的情况下，明确个人信息处理的目的，能够更好地对个人信息处理活动进行规范，使得个人信息能够得到更为合理的利用，促进个人信息的保护。

2. 个人信息保护的义务主体有哪些？

了解个人信息保护的义务主体，就要求我们了解个人信息保护的目的，根据《个人信息保护法》第一条的规定可知，个人信息保护的目的是规范个人信息处理活动，促进个人信息合理利用。在这样的前提之下，凡是参与了个人信息处理活动的主体都应该是个人信息保护的义务主体。《个人信息保护法》第二条规定，自然人的个人信息受法律保护，任何组织、个人不得侵害自然人的个人信息权益。基于本法的规定，在法律层面，任何组织、个人都应当成为个人信息保护的主体，任何组织、个人都有保护个人信息的义务。

3. 在我国境外处理境内个人信息的活动是否能适用我国《个人信息保护法》？

根据《个人信息保护法》第三条的规定，在中华人民共和国境内处理自然人个人信息的活动，适用本法。在中华人民共和国境外处理中华人民共和国境内自然人个人信息的活动，有下列情形之一的，也适用本法：

（一）以向境内自然人提供产品或者服务为目的；

（二）分析、评估境内自然人的行为；

（三）法律、行政法规规定的其他情形。

我国《个人信息保护法》是适用于在我国境内处理自然人个人信息的活动的。如若在我国境外处理境内个人信息的活动，必须要满足下列情形之一，才能够适用本法。第一，以向境内自然人提供产品或者服务为目的；第二，分析、评估境内自然人的行为；第三，法律、行政法规规定的其他情形。同时《个人信息保护法》第五十三条对境外的个人信息处理者作了特别规定。根据《个人信息保护法》第五十三条的规定，本法第三条第二款规定的中华人民共和国境外的个人信息处理者，应当在中华人民共和国境内设立专门机构或者指定代表，负责处理个人信息保护相关事务，并将有关机构的名称或者代表的姓名、联系方式等报送履行个人信息保护职责的部门。也就是说，在我国境外处理境内个人信息的个人信息处理者必须设立专门机构或者指定代表，并将有关机构的信息报送给履行个人信息保护职责的部门，以便相关部门对境外的个人信息处理活动进行监督。

4. 什么是个人信息？

根据《个人信息保护法》第四条第一款的规定，个人信息是以电子或者其他方式记录的与已识别或者可识别的自然人有关的各种信息，不包括匿名化处理后的信息。了解个人信息的外延，能够使我们更加深刻地了解个人信息保护的范畴。对条文当中规定的以电子方式记录的与自然人有关的信息，我们应当给予更多的关注，当前社会是一个网络信息化社会，越来越多的信息通过网络云方式进行加工储存，因此当前的个人信息不再局限于白纸黑字的纸面记载，更多的是以电子化的形式记录，在方便生活、提高效率的同时，也给个人信息保护带来了阻力。电子化个人信息存储方式的简便易行导致个人信息的传播更加迅捷便利。在这样的社会背景之下，明确什么是个人信息就显得尤为重要了。要了解什么是个人信息就必须了解个人信息的外延，根据《个人信息保护法》的规定，个人信息的外延包括普通的个人信息和敏感的个人信息。普通的个人信息的外延是除敏感的个人信息外涉及个人信息利益的信息；敏感的个人信息的外延包括生物识别、宗教信仰、特定身份、医疗健康、金融账户、行踪轨迹等信息，以及不满14周岁未成年人的个人信息。将个人信息进行区分能够对不同的个人信息实施不同的保护手段，例如《个人信息保护法》在第二章第一节中规定了个人信息保护的一般规定，而在第二节中专门规定了敏感个人信息的处理规则。可见，明确个人信息的外延，就能够对纷繁复杂的信息进行明确区分，促进个人信息的保护。

5. 个人信息的“处理”包括哪些活动？

根据《个人信息保护法》第四条第二款的规定，个人信息的处理包括个人信息的收集、存储、使用、加工、传输、提供、公开、删除等。个人信息处理者处理个人信息的活动就是实施个人信息收集、存储、使用、加工、传输、提供、公开、删除的过程。

（一）个人信息的收集活动

个人信息的收集是个人信息处理活动延续的前提，个人信息的收集就是个人信息处理者基于处理目的而对个人信息进行的汇总，个人信息的收集方式是多种多样的，主要包括个人自行提供，个人信息处理者自行获取。个人信息在被收集的过程当中可能没有符合法律规范的要求，存在侵犯个人信息权益的情形，因此个人信息的收集不是无底线无限制的。根据《广东省社会信用条例》第二十二条第三款的规定，采集市场信用信息，禁止采集自然人的宗教信仰、血型信息，疾病、病史信息，基因、指纹等生物识别信息以及法律、行政法规规定禁止采集的其他信息。因此不仅仅是《个人信息保护法》对个人信息的收集进行限制和保护，在别的法律规范中对个人信息的收集也有所规范，从而保证个人信息处理活动从起始性环节能够得以保障。

（二）个人信息的存储、使用、加工、传输活动

个人信息存储、使用、加工、传输的过程是在个人信息收集完毕的前提条件之下而实施的后续处理活动，这些行为更加依赖个人信息处理者的主观能动性，存储的媒介、使用的方式目的、加工的手段，传输的渠道等，都是依照个人信息处理者的喜好加以选择的，或者说是个人信息处理者为了更好地实现处理目的而进行的最适选择，这些行为是不能脱离个人信息处理者而独立存

在的，个人信息处理者在存储、使用、加工、传输的过程当中都具有独特性，所表现出来的形式也是多种多样的。

（三）个人信息的提供、公开、删除活动

个人信息的提供、公开、删除等行为更多的是在《个人信息保护法》的法律层面加以规定的，并没有赋予个人信息处理者较大的自由。根据《个人信息保护法》第四十五条的规定，个人有权向个人信息处理者查阅、复制其个人信息。个人请求查阅、复制其个人信息的，个人信息处理者应当及时提供。个人请求将个人信息转移至其指定的个人信息处理者，符合国家网信部门规定条件的，个人信息处理者应当提供转移的途径。根据《个人信息保护法》第二十五条的规定，个人信息处理者不得公开其处理的个人信息，取得个人单独同意的除外。根据《个人信息保护法》第四十七条的规定，有下列情形之一的，个人信息处理者应当主动删除个人信息；个人信息处理者未删除的，个人有权请求删除：

（1）处理目的已实现、无法实现或者为实现处理目的不再必要；

（2）个人信息处理者停止提供产品或者服务，或者保存期限已届满；

（3）个人撤回同意；

（4）个人信息处理者违反法律、行政法规或者违反约定处理个人信息；

（5）法律、行政法规规定的其他情形。

法律、行政法规规定的保存期限未届满，或者删除个人信息从技术上难以实现的，个人信息处理者应当停止除存储和采取必要的安全保护措施之外的处理。

综上，个人信息处理者在处理个人信息的过程中，通过对个人信息的收集、存储、使用、加工、传输、提供、公开、删除等步骤来保证个人信息处理活动的正常进行。

6. 处理个人信息应当遵循哪些原则?

个人信息是具有经济效益的内容，个人信息处理者在处理个人信息的过程当中，也就是在对个人信息进行收集、存储、使用、加工、传输、提供、公开、删除等过程当中，必须遵循一定的原则，否则会导致个人信息的滥用，损害当事人正当合法的利益。同时，规定一定的原则也能给予个人信息处理者相应的指导，避免个人信息处理者在处理个人信息的过程当中处于无法可依的窘境。

根据《个人信息保护法》第五条的规定，处理个人信息应当遵循合法、正当、必要和诚信原则，不得通过误导、欺诈、胁迫等方式处理个人信息。合法原则是指个人信息处理者在对个人信息进行收集、存储、使用、加工、传输、提供、公开、删除等处理活动时，应当严格遵循法律的规定，采取合法的方式，不得违法处理个人信息。必要原则是指处理个人信息的行为必须是正当的，处理者不应当通过不公正的方法，如通过欺骗或者在信息主体完全不知情的情况下处理其个人信息。诚实信用原则是指个人信息处理者在处理个人信息的活动中，不损害他人利益和社会利益，正当合理地实现自己的处理目的。

根据《民法典》一千零三十五条第一款的规定，处理个人信息的，应当遵循合法、正当、必要原则，不得过度处理，并符合下列条件：

（一）征得该自然人或者其监护人同意，但是法律、行政法规另有规定的除外；

（二）公开处理信息的规则；

（三）明示处理信息的目的、方式和范围；

（四）不违反法律、行政法规的规定和双方的约定。

根据《民法典》第七条的规定，民事主体从事民事活动，应当遵循诚信原则，秉持诚实，恪守承诺。这就要求个人信息处理者必须要在合法性、正当性、必要性的基础上，依据诚实信用原则来处理个人信息。个人信息处理者必须遵循《个人信息保护法》的规定，在合法性的前提下必须要有处理个人信息的正当性和必要性，在处理的过程当中还要始终贯彻诚实信用原则，这是对个人信息处理者在处理个人信息活动中的一个逐步递进的要求。同时《个人信息保护法》第七条规定，处理个人信息应当遵循公开、透明原则，公开个人信息处理规则，明示处理的目的、方式和范围。这就要求个人信息处理者必须在公开、透明的原则指导下进行个人信息处理活动。

7. 可以通过误导、欺诈、胁迫等方式处理个人信息吗？

根据《个人信息保护法》第五条的规定，处理个人信息应当遵循合法、正当、必要和诚信原则，不得通过误导、欺诈、胁迫等方式处理个人信息。误导是指行为人通过一定的行为诱使另一方当事人产生错误的判断或认识，侵害的是当事人一方的自由意志。欺诈是指以使人发生错误认识为目的的故意行为。当事人由于他人故意的错误陈述，发生认识上的错误而为意思表示，即构成因受欺诈而为的民事行为。胁迫指以给他人的人身或者财产造成损害为要挟，迫使对方作出不真实的意思表示的行为。例如，在现实中存在一方以人身伤害对另一方进行威胁，强迫与其订立一些不公平的条约，但是这种行为是违背了一方当事人的真实意志的，对于这种行为，受胁迫的一方当事人有权请求撤销。同时《民法典》第一百四十七条规定，基于重大误解实施的民事法律行为，行为人有权请求人民法院或者仲裁机构予以撤销。第一百四十八条规定，一方以欺诈手段，使对方在违背真实意思的情况下实施的民事法律行为，受欺诈方有权请求人民法院或者仲裁机构予以撤销。第一百五十条规定，一方或者第三人以胁迫手段，使对方在违背真实意思的情况下实施的民事法律行为，受胁迫方有权请求人民法院或者仲裁机构予以撤销。基于《民法典》的以上规定，存在重大误解、欺诈、胁迫的民事法律行为是可撤销的民事法律行为，因此通过误导、欺诈、胁迫等方式进行的民事行为是不受法律保护的，个人信息处理者同样也不能通过误导、欺诈、胁迫等方式处理个人信息。

8. 处理个人信息有哪些要求?

根据《个人信息保护法》第六条的规定，处理个人信息应当具有明确、合理的目的，并应当与处理目的直接相关，采取对个人权益影响最小的方式。收集个人信息，应当限于实现处理目的的最小范围，不得过度收集个人信息。

明确的目的就要求处理个人信息应当遵循公开、透明原则，公开个人信息处理规则，明示处理的目的、方式和范围。个人信息处理者在处理个人信息的活动中将自己的处理目的、处理方式，处理的个人信息种类、保存期限，个人信息处理者自身的名称或者姓名和联系方式等信息事先告知个人并取得同意，能够确保在相对明确的范围内实施个人信息处理活动。

合理的目的就要求个人信息处理者处理个人信息要采取对个人权益影响最小的方式。收集个人信息，应当限于实现处理目的的最小范围，不得过度收集个人信息。也就是个人信息处理者为了实现自己的处理目的，在个人信息处理活动中要始终将个人信息权益放在首位，以对个人利益损害最小为原则实施个人信息处理活动。

根据《个人信息保护法》第八条的规定，处理个人信息应当保证个人信息的质量，避免因个人信息不准确、不完整对个人权益造成不利影响。根据《个人信息保护法》第九条的规定，个人信息处理者应当对其个人信息处理活动负责，并采取必要措施保障所处理的个人信息的安全。这都是在法律层面上对个人信息处理者设定的义务，其宗旨就是将个人信息利益放在首位，在实施个人信息处理活动的过程中，不能仅关注个人信息处理者目的的实现，更要求个人信息处理者在处理活动的过程中保证个人信息的质量、保障个人信息的安全。

根据《个人信息保护法》第十条的规定，任何组织、个人不得非法收集、使用、加工、传输他人个人信息，不得非法买卖、提供或者公开他人个人信息；不得从事危害国家安全、公共利益的个人信息处理活动。国家安全、社会公共利益是人民群众安居乐业的基础，《个人信息保护法》不仅仅只对个人信息权益进行保护，当个人信息处理活动中存在侵害公共利益和国家安全的情形时，《个人信息保护法》也将进行规制。

《个人信息保护法》对个人信息处理者的个人信息处理活动进行了细致的规定，主要要求个人信息处理者在处理个人信息的过程中要注意保障当事人的权益，采取影响最小原则，遵循公开、透明原则，保证个人信息的质量，对其个人信息处理活动负责，明确个人信息禁止性规定，以此约束个人信息处理者合法正当地处理个人信息。

9. 个人信息处理者如何保障所处理的个人信息的安全？

当今社会是一个高速发展、快速流动的社会，个人信息的流动更加频繁，对个人信息的获取也更加便捷，在这样的情形之下，个人信息本身的安全难以得到保障，尤其是个人信息处理者在对个人信息的处理活动中，缺乏合理利用个人信息的认知，很容易侵犯个人信息利益，因此有必要在法律层面上对个人信息安全进行保障。

根据《个人信息保护法》第九条的规定，个人信息处理者应当对其个人信息处理活动负责，并采取必要措施保障所处理的个人信息的安全。个人信息处理者在处理个人信息的过程当中，不仅要合法正当地处理个人信息，还要对自己进行过的个人信息处理活动负责，这是确保个人信息自始至终能够得到有效保障的重要手段。

《民法典》第一千零三十八条对个人信息的保障作了较为详尽的规定，信息处理者不得泄露或者篡改其收集、存储的个人信息；未经自然人同意，不得向他人非法提供其个人信息，但是经过加工无法识别特定个人且不能复原的除外。信息处理者应当采取技术措施和其他必要措施，确保其收集、存储的个人信息安全，防止信息泄露、篡改、丢失；发生或者可能发生个人信息泄露、篡改、丢失的，应当及时采取补救措施，按照规定告知自然人并向有关主管部门报告。

个人信息安全是兼具个人利益和社会利益的存在，这就要求个人信息处理者不仅仅只在信息处理阶段对个人信息负责，更要负责个人信息处理的全过程，全过程就包括实现处理目的之后的信息保护职责，这是法律对个人信息处理者的要求。

10. 国家在个人信息保护方面有哪些职责？

个人信息保护是一个相对系统的工作，它是一个多方发力的活动，单纯地依靠个人信息处理者在信息处理过程采取必要措施保障所处理的个人信息的安全，具有很大的局限性，具体体现在以下两个方面：一方面，个人信息处理者缺乏足够的自觉性。个人信息处理者在处理个人信息的活动中天然地会忽视对个人信息的保护，很难去要求信息处理者主动去进行个人信息的保护。另一方面，个人信息处理者所采取的信息保护手段具有局限性。根据《民法典》第一千零三十八条的规定，信息处理者不得泄露或者篡改其收集、存储的个人信息；未经自然人同意，不得向他人非法提供其个人信息，但是经过加工无法识别特定个人且不能复原的除外。信息处理者应当采取技术措施和其他必要措施，确保其收集、存储的个人信息安全，防止信息泄露、篡改、丢失。这样的规定只是对个人信息处理者进行了单方面的要求，一旦个人信息脱离了个人信息处理者的掌控，就很难实现对个人信息的有效保护。因此，需要从国家层面对个人信息进行保护。

根据《个人信息保护法》第十一条的规定，国家建立健全个人信息保护制度，预防和惩治侵害个人信息权益的行为，加强个人信息保护宣传教育，推动形成政府、企业、相关社会组织、公众共同参与个人信息保护的良好环境。根据《个人信息保护法》第十二条的规定，国家积极参与个人信息保护国际规则的制定，促进个人信息保护方面的国际交流与合作，推动与其他国家、地区、国际组织之间的个人信息保护规则、标准等互认。这样，可以在国内营造出个人信息保护的良好生态，同时促进在国际层面形成能够通用的个人信息保护标准，推动我国个人信息保护的标准化和国际化。

第二章　个人信息处理规则

1. 个人信息处理者处理个人信息需要满足什么条件?

个人信息处理者处理个人信息，并不是肆意为之的，根据《个人信息保护法》第十三条的规定，个人信息处理者需要满足一定的条件方可处理个人信息。

（一）取得个人的同意；

（二）为订立、履行个人作为一方当事人的合同所必需，或者按照依法制定的劳动规章制度和依法签订的集体合同实施人力资源管理所必需；

（三）为履行法定职责或者法定义务所必需；

（四）为应对突发公共卫生事件，或者紧急情况下为保护自然人的生命健康和财产安全所必需；

（五）为公共利益实施新闻报道、舆论监督等行为，在合理的范围内处理个人信息；

（六）依照本法规定在合理的范围内处理个人自行公开或者其他已经合法公开的个人信息；

（七）法律、行政法规规定的其他情形。

符合上述情形之一的，个人信息处理者方可处理个人信息。

同时，基于个人同意处理个人信息的，该同意应当由个人在充分知情的前提下自愿、明确作出。法律、行政法规规定处理个人信息应当取得个人单独同意或者书面同意的，从其规定。个人信息处理者处理个人信息的活动，必须有法律规定的情形才能进行，即使是获得了个人同意的情形，个人信息处理者也要明确、合法地实施个人信息处理活动。

2. 什么是个人信息处理的“告知—同意”规则？

“告知—同意”规则是《个人信息保护法》确立的个人信息保护核心规则，是保障个人对其个人信息处理知情权和决定权的重要手段。基于对个人自由意志的尊重，《个人信息保护法》第十四条规定：“基于个人同意处理个人信息的，该同意应当由个人在充分知情的前提下自愿、明确作出。法律、行政法规规定处理个人信息应当取得个人单独同意或者书面同意的，从其规定。个人信息的处理目的、处理方式和处理的个人信息种类发生变更的，应当重新取得个人同意。”所谓“告知—同意”规则，是指个人信息处理者在处理个人信息时，应当在事先充分告知的前提下取得个人同意，个人信息处理的重要事项发生变更的，应当重新向个人告知并取得同意，也就是说，个人信息处理者在处理个人信息的活动中，要事先将处理的与个人信息有关的重要事项告知个人，一旦该事项发生变更，无论处于什么阶段，都应当及时地告知个人，并取得其同意，这样才能保证个人明确及时地掌握自己个人信息的处理情况。

“告知—同意”规则贯穿《个人信息保护法》始末，《个人信息保护法》特别规定个人信息处理者在处理敏感个人信息、向他人提供或公开个人信息、跨境转移个人信息等环节应取得个人的单独同意，明确个人信息处理者不得过度收集个人信息，不得以个人不同意为由拒绝提供产品或者服务，并赋予个人撤回同意的权利，在个人撤回同意后，个人信息处理者应当停止处理或及时删除其个人信息。

此外，考虑到个人信息处理的场景日益多样化，《个人信息保护法》还对除取得个人同意外可以合法处理个人信息的特定情形作了规定。比如，针对滥用人脸识别技术的问题，本法要求，在公共场所安装图像采集、个人身份识别设备，应设置显著的提示标识；所收集的个人图像、身份识别信息只能用于维护公共安全的目的。

这样的规定让我们了解到什么是“告知—同意”规则，同时更加深刻地了解基于这样的规则而制定的《个人信息保护法》能够更好地对当前个人信息保护存在的典型问题进行系统完善规制，促进个人信息保护事业的发展。

3. 哪些情况下处理个人信息时可以不取得个人同意?

基于“告知—同意”规则的指导，个人信息处理者处理个人信息的前提应当是取得个人的同意，这是出于对个人利益保护的考虑，个人权益虽然是《个人信息保护法》维护的重点，但《个人信息保护法》的立法宗旨也不仅仅是保障个人信息权益的实现，还需要实现个人信息的合理利用，同时也要维护公共利益、国家利益等。在这样的情形之下，处理个人信息不需取得个人同意。具体包括：

（一）为订立、履行个人作为一方当事人的合同所必需，或者按照依法制定的劳动规章制度和依法签订的集体合同实施人力资源管理所必需；

（二）为履行法定职责或者法定义务所必需；

（三）为应对突发公共卫生事件，或者紧急情况下为保护自然人的生命健康和财产安全所必需；

（四）为公共利益实施新闻报道、舆论监督等行为，在合理的范围内处理个人信息；

（五）依照本法规定在合理的范围内处理个人自行公开或者其他已经合法公开的个人信息；

（六）法律、行政法规规定的其他情形。

根据《民法典》一千零三十五条第一款第一项的规定，处理个人信息的，应当征得该自然人或者其监护人同意，但是法律、行政法规另有规定的除外。《民法典》规定的“法律、行政法规另有规定的”情形就是法定许可的情形。基于《个人信息保护法》《民法典》的有关规定，个人信息处理者在法定许可的情形下为促进个人信息的合理利用，为维护国家安全、公共利益的需要，可以不经过个人的同意即实施个人信息处理活动。

4. 个人信息的处理目的、处理方式或者处理的个人信息种类发生变化的，要重新取得个人同意吗？

个人信息处理者处理个人信息之前应该履行告知义务，明确告知个人个人信息的处理目的、处理方式或者处理的个人信息种类，在取得个人同意的情形下方可实施个人信息处理活动。根据《个人信息保护法》第十七条第一款的规定，个人信息处理者在处理个人信息前，应当以显著方式、清晰易懂的语言真实、准确、完整地向个人告知个人信息的处理目的、处理方式，处理的个人信息种类、保存期限。但在现实处理时，个人信息处理处在动态变化的过程当中，当个人信息处理的目的、处理的方式或者处理的个人信息种类发生变化时，相当于重新生成了个人信息的处理目的、处理方式或者处理的个人信息种类，那么就要明确告知个人此事项，个人信息处理者在处理个人信息的过程中要始终遵守“告知—同意”规则，必须在取得个人同意的前提下才能处理个人信息。

基于《个人信息保护法》第十四条第二款的规定，个人信息的处理目的、处理方式和处理的个人信息种类发生变更的，应当重新取得个人同意。

5. 处理不满 14 周岁未成年人个人信息是否需要作特别保护？

未成年人一直以来都是法律保护的重点对象，尤其是进入高度发达的网络时代，未成年人个人信息保护面临更加严峻的挑战。

一方面，由于未成年人心智尚未成熟，思考问题没有那么全面，对自己个人信息的保护意识存在欠缺，加上未成年人接触网络的年龄越来越低，同时一些应用软件存在违法违规收集个人信息的情形，并且具有较强的隐蔽性、技术性和复杂性，因此未成年人的个人信息极易被他人不法利用，侵害未成年人的合法权益。另一方面，网络环境的简便迅捷性使得当未成年人的个人信息权益被侵害时，个体维权难度较大，维权的途径也很少，未成年人也不能很好地保留侵害的证据，导致未成年人个人信息保护问题日益严重。

根据《未成年人保护法》第四条的规定，保护未成年人，应当坚持最有利于未成年人的原则，给予未成年人特殊、优先保护。根据《个人信息保护法》第三十一条的规定，个人信息处理者处理不满 14 周岁未成年人个人信息的，应当取得未成年人的父母或者其他监护人的同意。个人信息处理者处理不满 14 周岁未成年人个人信息的，应当制定专门的个人信息处理规则。《个人信息保护法》的制定符合了国际法上的要求，重点关注未成年人个人信息的保护和安全。加强未成年人个人信息保护需要从以下几个方面入手：首先，应该加强对互联网行业的规范，当下互联网行业蓬勃发展，但是缺乏有效的监督和约束，因此要建立互联网长效监督机制，对于违法违规侵犯未成年人个人信息权益的行为进行规制。其次，权力机关应该加大信息保护力度，始终坚持严格执法、公正司法，保障未成年人个人信息安全。最后，要提高社会对未成年人信息保护的意识。未成年人是祖国未来的花朵，保障未成年人个人信息安全是确保未成年人健康成长的关键，也是我们每个人应尽的义务。对于个人信息处理者而言，处理未成年人的个人信息不能仅适用《个人信息保护法》的一般规定，更要对未成年的个人信息作特别保护，这是保障未成年人个人信息安全的关键。

6. 个人可以撤回已经同意的个人信息处理活动吗?

根据《个人信息保护法》第十五条第一款的规定，基于个人同意处理个人信息的，个人有权撤回其同意。这样的规定能够赋予个人相对弹性的选择权。个人会出于各种原因想要撤回其同意处理个人信息的表示，在这样的情形之下，如果不赋予个人撤回同意的自由，个人会因害怕或者担忧是否能撤回同意而放弃同意个人信息处理者处理其个人信息，那么这必将阻碍个人信息处理活动的发展，因此必须赋予个人选择的自由。法律还规定个人信息处理者应当提供便捷的撤回同意的方式，这就为个人撤回其同意提供了有效的法律支撑。

为了确保个人信息处理活动的正常开展，根据《个人信息保护法》第十五条第二款的规定，个人撤回同意，不影响撤回前基于个人同意已进行的个人信息处理活动的效力。这样的规定既能够满足个人自由选择的权利，也可以保证个人信息处理活动不受个人撤回同意行为的影响。

7. 个人信息处理者在处理个人信息前要向个人告知哪些事项?

个人信息保护是在“告知—同意”规则指导下进行的，个人信息处理者在处理个人信息时有必要将个人信息的有关事项明确告知个人。根据《个人信息保护法》第十七条第一款、第二款的规定，个人信息处理者在处理个人信息前，应当以显著方式、清晰易懂的语言真实、准确、完整地向个人告知下列事项：

（一）个人信息处理者的名称或者姓名和联系方式；

（二）个人信息的处理目的、处理方式，处理的个人信息种类、保存期限；

（三）个人行使本法规定权利的方式和程序；

（四）法律、行政法规规定应当告知的其他事项。

前款规定事项发生变更的，应当将变更部分告知个人。

个人信息处理者应该按照《个人信息保护法》第十七条的规定履行告知义务，但法律也规定了一些例外情形，个人信息处理者处理个人信息，有法律、行政法规规定应当保密或者不需要告知的情形的，可以不向个人告知前条第一款规定的事项。紧急情况下为保护自然人的生命健康和财产安全无法及时向个人告知的，个人信息处理者应当在紧急情况消除后及时告知。《个人信息保护法》第十七条的规定是对个人信息权益的保障，但《个人信息保护法》并不是以保护个人信息利益为唯一立法宗旨的，因此其规定的例外情形是对公共利益、国家安全的保障。

8. 个人信息的保存期限是多久?

根据《个人信息保护法》第十九条的规定，除法律、行政法规另有规定外，个人信息的保存期限应当为实现处理目的所必要的最短时间。本法只是对个人信息保存期限做了较为笼统的规范，因此需要从以下几点进行思考：

首先，法律、行政法规对个人信息的保存期限有明确规定的情形。例如，法律层面如《网络安全法》《电子商务法》《反洗钱法》，行政法规层面如《互联网信息服务管理办法》《征信业管理条例》《麻醉药品和精神药品管理条例》等，均对个人信息保存期限作出了规定。实践中也会存在法律、行政法规尚未规定，少数部门规章及其他规范性文件中对个人信息的保存期限作出规定的情况，如《网络交易监督管理办法》《网络餐饮服务食品安全监督管理办法》《网络预约出租汽车经营服务管理暂行办法》《医疗机构管理条例实施细则》等。除此以外，一些细分领域的规则中也对新型业态下个人信息的保存期限提出了要求。这是个人信息的保护期限的第一种情形。

其次，法律、行政法规中没有明确个人信息的保存期限的情形，个人信息处理者应当遵循“合法、正当、必要、诚信”“公开、透明”等原则，明确处理的目的、方式、范围等，自行确定个人信息所需的最短保存期限。这是个人信息的保存期限的第二种情形。

最后，确定个人信息保存必要最短期限，需要以显著方式、清晰易懂的语言写入隐私政策，将隐私政策向信息主体披露和告知并获得授权同意。

通过对以上三个方面进行思考，我们对个人信息保存的期限的模式进行了探索，明确了个人信息的保存期限的不同类型以及操作流程，对个人信息的保存期限的规定有了更加深刻的理解。

9. 个人信息处理者是否可以委托他人处理个人信息？

个人信息处理者可能存在处理个人信息不能的情形，根据《个人信息保护法》第二十一条第一款的规定，个人信息处理者委托处理个人信息的，应当与受托人约定委托处理的目的、期限、处理方式、个人信息的种类、保护措施以及双方的权利和义务等，并对受托人的个人信息处理活动进行监督。

个人信息处理者履行了法律规定的义务就可以委托他人处理个人信息，具体体现在个人信息处理者与受托人约定委托处理的目的、期限、处理方式、个人信息的种类、保护措施以及双方的权利和义务等，同时个人信息处理者要对受托人的处理活动进行监督；受托人则应该按照约定处理个人信息。满足这样的条件，个人信息处理者才可以委托他人处理个人信息。《民法典》第一百六十一条第一款规定“民事主体可以通过代理人实施民事法律行为”，也对个人信息处理者委托他人处理个人信息予以肯定。

根据《民法典》第一百六十二条的规定，代理人在代理权限内，以被代理人名义实施的民事法律行为，对被代理人发生效力。根据《个人信息保护法》第二十一条第二款的规定，受托人应当按照约定处理个人信息，不得超出约定的处理目的、处理方式等处理个人信息；委托合同不生效、无效、被撤销或者终止的，受托人应当将个人信息返还个人信息处理者或者予以删除，不得保留。受托人在受个人信息处理者委托处理个人信息时，只能实施与个人信息处理者相同权限范围内的信息处理活动，超出约定的处理目的、处理方式等处理个人信息或者委托合同不生效、无效、被撤销或者终止的，都会影响受托人处理个人信息活动的效力。

《个人信息保护法》还对受托人规定了额外的义务，“未经个人信息处理者同意，受托人不得转委托他人处理个人信息”。同时根据《个人信息保护法》第五十九条的规定，接受委托处理个人信息的受托人，应当依照本法和有关法律、行政法规的规定，采取必要措施保障所处理的个人信息的安全，并协助个人信息处理者履行本法规定的义务。这样的规定能够确保个人信息自始至终安全。

10. 个人信息处理者合并、分立后的个人信息该怎么处理？

根据《个人信息保护法》第二十二条的规定，个人信息处理者因合并、分立、解散、被宣告破产等原因需要转移个人信息的，应当向个人告知接收方的名称或者姓名和联系方式。接收方应当继续履行个人信息处理者的义务。接收方变更原先的处理目的、处理方式的，应当依照本法规定重新取得个人同意。

基于上述法条的规定，个人信息处理者合并、分立后的个人信息应该转移至新成立的接收方进行处理，但需要满足以下条件：首先，个人信息处理者存在合并、分立、解散、被宣告破产等情形需要转移个人信息。其次，需要履行告知义务，个人应该明确知道个人信息处理者的变更情况。最后，接收方还应当履行之前个人信息处理者的义务。只有这样，才能实现个人信息处理者合并、分立后的个人信息平稳有序的处理，同时应该注意处理方式、处理目的发生变更的，还应取得个人的同意。

11. 个人信息处理者可以将其处理的个人信息提供给其他个人信息处理者吗?

根据《个人信息保护法》第二十三条的规定，个人信息处理者向其他个人信息处理者提供其处理的个人信息的，应当向个人告知接收方的名称或者姓名、联系方式、处理目的、处理方式和个人信息的种类，并取得个人的单独同意。接收方应当在上述处理目的、处理方式和个人信息的种类等范围内处理个人信息。接收方变更原先的处理目的、处理方式的，应当依照本法规定重新取得个人同意。

基于上述法条的规定，个人信息处理者要想将其处理的个人信息提供给其他个人信息处理者，首先，必须履行告知义务，必须向个人告知其他个人处理者的名称或者姓名、联系方式、处理目的、处理方式和个人信息的种类；其次，必须取得个人的单独同意，取得个人同意是个人信息处理的基础条件；最后，接收方必须在上述处理目的、处理方式和个人信息的种类等范围内处理个人信息，同时应该注意处理方式、处理目的发生变更的，还应取得个人的同意。

《个人信息保护法》同意个人信息处理者将其处理的个人信息提供给其他个人信息处理者，是因为可以通过法规的制定对该情形进行规制，在遵循“告知—同意”规则的基础上，能够确保转移的个人信息的安全。其意义是将个人信息的价值发挥到最大，如果一味地将个人信息权益作为保护的重点，而不放开对个人信息的利用，不能使个人信息利益最大化，也不符合当前的社会主义市场经济的需要。

12. 个人信息处理者进行自动化决策时需要注意什么？

自动化决策是指通过计算机程序自动分析、评估个人的行为习惯、兴趣爱好或者经济、健康、信用状况等，并进行决策的活动。自动化决策的特性，催生了“大数据杀熟”的现象。例如苹果和安卓用户打车的价格不同；预订酒店会员等级越高价格越贵；外卖平台在开通会员后就提高配送费等现象。《个人信息保护法》的出台对个人信息处理者利用个人信息进行自动化决策进行了规制，类似的现象将会得到有效的遏止。

根据《个人信息保护法》第二十四条的规定，首先，《个人信息保护法》赋予了个人以知情权，“个人信息处理者利用个人信息进行自动化决策，应当保证决策的透明度和结果公平、公正，不得对个人在交易价格等交易条件上实行不合理的差别待遇”。

其次，《个人信息保护法》赋予了个人以优先权，“通过自动化决策方式向个人进行信息推送、商业营销，应当同时提供不针对其个人特征的选项，或者向个人提供便捷的拒绝方式”。

最后，《个人信息保护法》赋予了个人以选择权，“通过自动化决策方式作出对个人权益有重大影响的决定，个人有权要求个人信息处理者予以说明，并有权拒绝个人信息处理者仅通过自动化决策的方式作出决定”。

通过这样的规定，就可以保证个人信息在一种相对透明的状态下得到处理，个人也能对个人信息处理活动进行监督，有利于对个人信息处理者利用个人信息进行自动化决策的行为予以有效规范，避免个人信息的滥用。

13. 个人信息处理者可以公开其处理的个人信息吗?

根据《个人信息保护法》第二十五条的规定，个人信息处理者不得公开其处理的个人信息。个人信息处理者处理个人信息具有特定的目的和充分的必要性，是为了实现处理目的，个人信息处理者处理个人信息后，有保护个人信息安全的义务，因此个人信息处理者当然不得公开其处理的个人信息。但本条但书规定取得个人单独同意的除外。《个人信息保护法》的制定以遵循个人的自由意志为原则，只要取得个人同意，法律也不强行禁止。

14. 公共场所可以收集个人信息吗?

当下社会人口流动频繁，为了维护公共秩序，保障不特定多数人的利益，越来越多的公共场所都安装了监控设备，可以说除了一些私密场所，基本上我们所处的公共区域都覆盖了监控。在这样的情况下，个人信息是否会被这些设备获取，从而被不法分子用于实施侵害公民个人信息的行为呢?

根据《个人信息保护法》第二十六条的规定，在公共场所安装图像采集、个人身份识别设备，应当为维护公共安全所必需，遵守国家有关规定，并设置显著的提示标识。所收集的个人图像、身份识别信息只能用于维护公共安全的目的，不得用于其他目的；取得个人单独同意的除外。

《个人信息保护法》从法律层面对公共场所收集个人信息的行为进行了规制，公共场所安装信息采集设备应当以维护公共安全为目的，所采集的个人信息只能是为了实现公共安全而使用，超出这个目的将不受法律的保护，从而保障个人在公共场所的个人信息权益不受侵犯。

15. 个人信息处理者处理已经公开的个人信息应当注意什么?

《个人信息保护法》第二十七条规定，个人信息处理者可以在合理的范围内处理个人自行公开或者其他已经合法公开的个人信息；个人明确拒绝的除外。个人信息处理者处理已公开的个人信息，对个人权益有重大影响的，应当依照本法规定取得个人同意。了解本条的含义就要了解什么是“合理的范围内”。首先，个人信息处理者处理已公开的个人信息，应当符合该个人信息被公开时的用途。例如公开时的用途是维护国家安全或公共利益，那么处理此公开的信息就必须是为了维护国家安全和公共利益的需要，如果超出了这个范围，就不属于“合理的范围内”。其次，超出公开时的用途或者对个人权益有重大影响的，应当取得本人同意，这是对个人自由意志的尊重。因此，“合理的范围内”并不是一个量化的概念，而是基于保障个人权益和在个人意思自治的基础上衍生出来的一个范围，在这样的一个范围内，个人信息处理者就可以处理个人自行公开或者其他已经合法公开的个人信息，这样的规定既能够很好地保护个人的信息安全，保障个人合法权益，同时能够促进个人信息更好地被利用。

16. 哪些信息属于敏感个人信息？

根据《个人信息保护法》第二十八条第一款的规定，敏感个人信息是一旦泄露或者非法使用，容易导致自然人的人格尊严受到侵害或者人身、财产安全受到危害的个人信息，包括生物识别、宗教信仰、特定身份、医疗健康、金融账户、行踪轨迹等信息，以及不满 14 周岁未成年人的个人信息。

17. 处理敏感个人信息有哪些要求?

首先，只有在具有特定的目的和充分的必要性，并采取严格保护措施的情形下，个人信息处理者方可处理敏感个人信息。其次，处理敏感个人信息应当取得个人的单独同意；法律、行政法规规定处理敏感个人信息应当取得书面同意的，从其规定。再次，个人信息处理者处理敏感个人信息的，除《个人信息保护法》第十七条第一款规定的事项外，还应当向个人告知处理敏感个人信息的必要性以及对个人权益的影响；依照《个人信息保护法》规定可以不向个人告知的除外。最后，法律、法规授权的具有管理公共事务职能的组织为履行法定职责处理个人信息，适用本法关于国家机关处理个人信息的规定。同时我们应该注意，处理不满14 周岁未成年人个人信息的需要作特别保护。

18. 国家机关处理个人信息时有哪些要求?

国家机关在处理个人信息的活动中，可以被看成特殊的个人信息处理者，其本质还是个人信息处理者，国家机关在处理个人信息的时候应该注意以下几点：

首先，国家机关处理个人信息的活动，适用《个人信息保护法》；有特别规定的，适用特别规定。其次，国家机关为履行法定职责处理个人信息，应当依照法律、行政法规规定的权限、程序进行，不得超出履行法定职责所必需的范围和限度。最后，国家机关为履行法定职责处理个人信息，应当依照《个人信息保护法》的规定履行告知义务；有《个人信息保护法》第十八条第一款规定的情形，即“个人信息处理者处理个人信息，有法律、行政法规规定应当保密或者不需要告知的情形的，可以不向个人告知前条第一款规定的事项”，或者告知将妨碍国家机关履行法定职责的除外。

国家机关在处理个人信息时和普通的个人信息处理者一样，都是在“告知—同意”规则的指导下进行的，始终坚持个人的意思自治，按照《个人信息保护法》的规定实施个人信息处理活动。

19. 国家机关可以向境外提供个人信息吗?

根据《个人信息保护法》第三十六条的规定，国家机关处理的个人信息应当在中华人民共和国境内存储；确需向境外提供的，应当进行安全评估。安全评估可以要求有关部门提供支持与协助。国家机关处理的个人信息原则上是在境内存储的，如果确实需要向境外提供，必须进行安全评估。安全评估的内容可以参照国家互联网信息办公室关于《个人信息出境安全评估办法（征求意见稿）》第六条的规定。

个人信息出境安全评估重点评估以下内容：

（一）是否符合国家有关法律法规和政策规定。

（二）合同条款是否能够充分保障个人信息主体合法权益。

（三）合同能否得到有效执行。

……

（六）其他应当评估的内容。

因此，国家机关处理的个人信息原则上在我国境内存储，但国家机关处理的个人信息在进行了安全评估的情形下，也可以向境外提供。

20. 具有公共事务职能的组织是否有权处理个人信息?

根据《个人信息保护法》第三十七条的规定，法律、法规授权的具有管理公共事务职能的组织为履行法定职责处理个人信息，适用本法关于国家机关处理个人信息的规定。法律、法规授权的具有公共事务管理职能的组织有：公安、医药、工商、税务、城管、卫生防疫、烟草、盐业等部门。上述组织基于法定职责处理个人信息是适用《个人信息保护法》关于国家机关处理个人信息的规定的，因此具有公共事务职能的组织有权处理个人信息。

第三章 个人信息跨境提供的规则

1. 个人信息处理者可以向境外提供个人信息吗?

个人信息处理者向境外提供个人信息必须满足两个要件，其一是出于业务等需要，其二是必须满足《个人信息保护法》规定的下列条件之一，具体包括:

（一）依照《个人信息保护法》第四十条的规定通过国家网信部门组织的安全评估;

（二）按照国家网信部门的规定经专业机构进行个人信息保护认证;

（三）按照国家网信部门制定的标准合同与境外接收方订立合同，约定双方的权利和义务;

（四）法律、行政法规或者国家网信部门规定的其他条件。

满足这两个要件的个人信息处理者可以向境外提供个人信息。同时《个人信息保护法》第三十八条第二款、第三款规定，中华人民共和国缔结或者参加的国际条约、协定对向中华人民共和国境外提供个人信息的条件等有规定的，可以按照其规定执行。个人信息处理者应当采取必要措施，保障境外接收方处理个人信息的活动达到本法规定的个人信息保护标准。因此，个人信息处理者向境外提供个人信息必须严格按照法律的规定执行。

2. 个人信息处理者向境外提供个人信息具有哪些义务?

根据《个人信息保护法》第三十九条的规定，个人信息处理者向中华人民共和国境外提供个人信息的，应当向个人告知境外接收方的名称或者姓名、联系方式、处理目的、处理方式、个人信息的种类以及个人向境外接收方行使本法规定权利的方式和程序等事项，并取得个人的单独同意。第三十九条的规定其实质还是向个人履行告知义务，根据《个人信息保护法》第十七条的规定，个人信息处理者在处理个人信息前，应当以显著方式、清晰易懂的语言真实、准确、完整地向个人告知下列事项：

（一）个人信息处理者的名称或者姓名和联系方式；

（二）个人信息的处理目的、处理方式，处理的个人信息种类、保存期限；

（三）个人行使本法规定权利的方式和程序；

……

个人信息处理者在处理个人信息前是要明确履行告知义务的，那么无论是处理境内还是境外的个人信息都必须履行告知义务，并且始终坚持个人意思自治的原则。

3. 如何处理境外机构要求提供存储于境内个人信息的请求？

根据《个人信息保护法》第四十一条的规定，中华人民共和国主管机关根据有关法律和中华人民共和国缔结或者参加的国际条约、协定，或者按照平等互惠原则，处理外国司法或者执法机构关于提供存储于境内个人信息的请求。非经中华人民共和国主管机关批准，个人信息处理者不得向外国司法或者执法机构提供存储于中华人民共和国境内的个人信息。因此，没有得到我国主管机关的批准，个人信息处理者不得向境外机构提供境内的个人信息。

4. 境外的组织、个人从事有害的个人信息处理活动怎么办？

有害的个人信息处理活动包括：

（一）侵害中华人民共和国公民的个人信息权益的；

（二）危害中华人民共和国国家安全、公共利益的；

（三）任何国家或者地区在个人信息保护方面对中华人民共和国采取歧视性的禁止、限制或者其他类似措施的。

针对前两项行为，国家网信部门可以将从事此行为的主体列入限制或者禁止个人信息提供清单，予以公告，并采取限制或者禁止向其提供个人信息等措施。针对第三项行为，中华人民共和国可以根据实际情况对该国家或者地区对等采取措施。

第四章　个人在个人信息处理活动中的权利

1. 个人对其个人信息有哪些基础性权利？

根据《个人信息保护法》第四十四条的规定，个人对其个人信息的处理享有知情权、决定权，有权限制或者拒绝他人对其个人信息进行处理。个人对其个人信息的处理享有知情权具体体现在本法第十七条的规定中，该条规定，个人信息处理者在处理个人信息之前应当向个人告知自己的名称或者姓名和联系方式；个人信息的处理目的、处理方式，处理的个人信息种类、保存期限等。这样的规定充分体现了对个人知情权的尊重，体现出个人对个人信息处理活动享有绝对的知情权。个人对其个人信息的处理享有决定权具体体现在个人信息处理者处理个人信息必须取得个人的同意；个人有权同意或者不同意处理其个人信息；对于已经同意处理的个人信息个人也可以予以撤回。限制或者拒绝他人对其个人信息进行处理的权利也体现在个人的决定权当中。因此，个人对其个人信息处理享有的权利全部蕴含在《个人信息保护法》的法律条文当中，只是通过第四十四条的规定归纳概述出来了。

2. 个人对其个人信息有查阅、复制的权利吗?

个人在同意个人信息处理者处理个人信息之后，在个人信息被处理的过程当中，个人会有查阅、复制的需求。个人对自己同意处理的信息进行查阅、复制，一方面是出于对个人信息功能上的需要，另一方面也可以在查阅、复制的过程当中对个人信息处理者的处理活动进行监督，确保自己的信息被合法正当地利用，因此，有必要赋予个人对其个人信息查阅、复制的权利。

根据《个人信息保护法》的相关规定，个人向个人信息处理者查阅、复制其个人信息的，个人信息处理者应当予以配合，具体体现在：

（一）个人请求查阅、复制其个人信息的，个人信息处理者应当及时提供。

（二）个人请求将个人信息转移至其指定的个人信息处理者，符合国家网信部门规定条件的，个人信息处理者应当提供转移的途径。

但是，法律也规定了例外情形，有下列情形的，个人不得向个人信息处理者查阅、复制其个人信息：

（一）个人信息处理者处理个人信息，有法律、行政法规规定应当保密或者不需要告知的情形的。

（二）告知将妨碍国家机关履行法定职责的。

因此，除法律规定的情形外，个人对其个人信息有查阅、复制的权利。

3. 发现个人信息不准确或者不完整时怎么办？

在个人信息被处理的过程当中，我们发现个人信息存在不准确或者不完整的情形，是有权要求个人信息处理者对存在问题的个人信息进行更正或者补充的，这是《个人信息保护法》赋予个人对个人信息处理者处理个人信息活动进行监督的一种表现形式，个人发现其个人信息存在的问题，可以及时要求改正。《个人信息保护法》也规定，对于个人提出的更正、补充的请求，个人信息处理者应当对其个人信息予以核实，并及时更正、补充。这样的规定能够促使个人信息处理者积极有效地处理个人信息，并保证个人信息能够完整准确地被处理。

4. 什么情形下应当删除个人信息？

根据《个人信息保护法》第四十七条的规定，有下列情形之一的，个人信息处理者应当主动删除个人信息；个人信息处理者未删除的，个人有权请求删除：

（一）处理目的已实现、无法实现或者为实现处理目的不再必要；

（二）个人信息处理者停止提供产品或者服务，或者保存期限已届满；

（三）个人撤回同意；

（四）个人信息处理者违反法律、行政法规或者违反约定处理个人信息；

（五）法律、行政法规规定的其他情形。

法律、行政法规规定的保存期限未届满，或者删除个人信息从技术上难以实现的，个人信息处理者应当停止除存储和采取必要的安全保护措施之外的处理。

5. 想要了解个人信息处理规则有哪些途径？

个人信息的处理包括个人信息的收集、存储、使用、加工、传输、提供、公开、删除等。而在个人信息处理过程当中会涉及很多的处理规则。如果想要了解个人信息处理规则，根据《个人信息保护法》第四十八条的规定，个人有权要求个人信息处理者对其个人信息处理规则进行解释说明。第四十八条的规定践行了《个人信息保护法》关于“告知—同意”规则的理念，根据《个人信息保护法》第十七条的规定，个人信息处理者在处理个人信息前有义务告知个人关于个人信息处理方式，并应当向个人就个人信息处理规则进行解释，这符合《个人信息保护法》关于“告知—同意”规则的相关规定。因此，个人信息处理者应当就个人信息处理规则履行解释说明义务。

6. 自然人死亡，其近亲属对死者的个人信息享有哪些权利？

根据《个人信息保护法》第四十九条的规定，自然人死亡的，其近亲属为了自身的合法、正当利益，可以对死者的相关个人信息行使本章规定的查阅、复制、更正、删除等权利。根据法条内容可知，自然人死亡，其近亲属对死者的个人信息享有查阅、复制、更正、删除等权利。但法律也对这些权利进行了几方面的限制：其一，其近亲属是为了自身合法正当的利益。也就是说，当死亡的自然人的近亲属所追逐的利益不符合法律所规定的合法性、正当性的要求时，其是不能享有这项权利的。其二，其近亲属享有的查阅、复制、更正、删除等权利是《个人信息保护法》所规定的权利。如果其近亲属想要通过该条法律规定实现超出本法规定范围的权利，如在刑事诉讼中关于个人信息的调查取证，则不能得到支持。

7. 个人行使个人信息权利的，个人信息处理者是否应予配合？

根据《个人信息保护法》第五十条的规定，个人信息处理者应当建立便捷的个人行使权利的申请受理和处理机制。拒绝个人行使权利的请求的，应当说明理由。个人信息处理者拒绝个人行使权利的请求的，个人可以依法向人民法院提起诉讼。

为了保障个人权益，《个人信息保护法》规定个人信息处理者要为个人行使权利提供便利，要建立便捷的行使权利的申请受理和处理机制，同时规定了拒绝个人行使权利的请求的，应当说明理由，为个人建立起一套完整的权利保障体系，能够确保个人权利的有效行使。对于个人信息处理者拒绝个人行使权利的请求的，法律还规定了权力机关的介入，个人可以向人民法院提起诉讼。因此，个人行使个人信息权利的，个人信息处理者应予配合。

第五章　个人信息处理者的义务

1. 个人信息处理者处理个人信息时有什么义务?

根据《个人信息保护法》第五十一条的规定，个人信息处理者应当根据个人信息的处理目的、处理方式、个人信息的种类以及对个人权益的影响、可能存在的安全风险等，采取下列措施确保个人信息处理活动符合法律、行政法规的规定，并防止未经授权的访问以及个人信息的泄露、篡改、丢失：

（一）制定内部管理制度和操作规程；

（二）对个人信息实行分类管理；

（三）采取相应的加密、去标识化等安全技术措施；

（四）合理确定个人信息处理的操作权限，并定期对从业人员进行安全教育和培训；

（五）制定并组织实施个人信息安全事件应急预案；

（六）法律、行政法规规定的其他措施。

因此，个人信息处理者处理个人信息的义务就是采取一系列手段来确保个人信息处理活动符合法律、行政法规的规定，并防止未经授权的访问以及个人信息的泄露、篡改、丢失。

2. 什么情形下需要指定个人信息保护负责人？

指定信息保护负责人的前提是个人信息处理者处理个人信息达到国家网信部门规定的数量。达到国家网信部门规定的数量，说明个人信息处理者处理的个人信息数量较大，个人信息处理者在这样的情形之下一旦出现非正规的个人信息处理活动，就会严重侵害个人信息权益。个人信息保护负责人的职责是对个人信息处理活动以及采取的保护措施等进行监督，因此个人信息保护负责人能对个人信息处理活动进行监督规制，保障个人信息权益。因此，处理个人信息达到国家网信部门规定数量的个人信息处理者应当指定个人信息保护负责人。根据《个人信息保护法》第五十二条第二款的规定，个人信息处理者应当公开个人信息保护负责人的联系方式，并将个人信息保护负责人的姓名、联系方式等报送履行个人信息保护职责的部门。这样，可以形成自上而下的监督机制。

3. 个人信息处理者为什么要对其处理的个人信息进行审计？

根据《个人信息保护法》第五十四条的规定，个人信息处理者应当定期对其处理个人信息遵守法律、行政法规的情况进行合规审计。《个人信息保护法》的规定设定了个人信息处理者对处理个人信息活动进行合规审计的义务。合规性审计的目的在于揭露和查处被审计单位的违法、违规行为，促使其经济活动符合国家法律、法规、方针政策及内部控制制度等要求。《个人信息保护法》在合规审计方面作了特别规定，也就是说在个人信息层面的合规审计由《个人信息保护法》进行特别规定，这样的规定凸显了我国对个人信息保护的重视。

并且个人信息处理者对其处理的个人信息进行审计不仅仅是自纠自查，《个人信息保护法》第六十四条第一款规定，履行个人信息保护职责的部门在履行职责中，发现个人信息处理活动存在较大风险或者发生个人信息安全事件的，可以按照规定的权限和程序对该个人信息处理者的法定代表人或者主要负责人进行约谈，或者要求个人信息处理者委托专业机构对其个人信息处理活动进行合规审计。个人信息处理者应当按照要求采取措施，进行整改，消除隐患。也就是说，履行个人信息保护职责的部门在发现个人信息处理活动存在问题的时候也会要求个人信息处理者进行合规审计。因此，个人信息处理者不管是出于法律设定的义务的需要还是有关部门的监督的需要，都要对其处理的个人信息进行审计。

4. 什么情形下需要进行个人信息保护影响评估?

根据《个人信息保护法》第五十五条和第五十六条的规定，有下列情形之一的，个人信息处理者应当事前进行个人信息保护影响评估，并对处理情况进行记录：

（一）处理敏感个人信息；

（二）利用个人信息进行自动化决策；

（三）委托处理个人信息、向其他个人信息处理者提供个人信息、公开个人信息；

（四）向境外提供个人信息；

（五）其他对个人权益有重大影响的个人信息处理活动。

个人信息保护影响评估应当包括下列内容：

（一）个人信息的处理目的、处理方式等是否合法、正当、必要；

（二）对个人权益的影响及安全风险；

（三）所采取的保护措施是否合法、有效并与风险程度相适应。

个人信息保护影响评估报告和处理情况记录应当至少保存三年。

进行影响评估是对处理的个人信息进行特别保护的一种手段，需要进行评估的个人信息涉及的关系都比较复杂，很容易侵犯个人的合法权益，因此有第五十五条规定情形的，都应该进行评估，并且法律对评估的内容进行了规定，以求全方位保护个人信息。

5. 发生或者可能发生个人信息泄露、篡改、丢失的，个人信息处理者该怎么办？

个人信息被泄露、篡改、丢失会对个人的权益造成极大的影响，因为个人信息处理者处理个人信息是基于个人同意的前提下进行的，当个人信息发生泄露、篡改、丢失等情形时，相当于个人信息的状态已经发生了变化，如果不采取措施，那么个人信息的合法性、正当性将得不到支持与保障，故《个人信息保护法》对发生或者可能发生个人信息泄露、篡改、丢失的情形的个人信息处理者设定了义务。

根据《个人信息保护法》第五十七条的规定，发生或者可能发生个人信息泄露、篡改、丢失的，个人信息处理者应当立即采取补救措施，并通知履行个人信息保护职责的部门和个人。通知应当包括下列事项：

（一）发生或者可能发生个人信息泄露、篡改、丢失的信息种类、原因和可能造成的危害；

（二）个人信息处理者采取的补救措施和个人可以采取的减轻危害的措施；

（三）个人信息处理者的联系方式。

个人信息处理者采取措施能够有效避免信息泄露、篡改、丢失造成危害的，个人信息处理者可以不通知个人；履行个人信息保护职责的部门认为可能造成危害的，有权要求个人信息处理者通知个人。也就是说，发生或者可能发生个人信息泄露、篡改、丢失的，个人信息处理者应当及时采取补救措施，采取的补救措施如果能够避免危害，可以不将该情况告知个人。但履行个人信息保护职责的部门通过判断认为可能会造成危害的，有权要求个人信息处理者将情况告知个人。

6. 互联网平台在个人信息保护方面有什么特别义务？

互联网平台服务是数字经济区别于传统经济的显著特征。互联网平台为商品和服务的交易提供技术支持、交易场所、信息发布和交易撮合等服务。在个人信息处理方面，互联网平台为平台内经营者处理个人信息提供基础技术服务、设定基本处理规则，是个人信息保护的关键环节。提供重要互联网平台服务、用户数量巨大、业务类型复杂的个人信息处理者对平台内的交易和个人信息处理活动具有强大的控制力和支配力，因此在个人信息保护方面应当承担更多的法律义务。

因此，《个人信息保护法》第五十八条对这些大型互联网平台设定了特别的个人信息保护义务，包括：（1）按照国家规定建立健全个人信息保护合规制度体系，成立主要由外部成员组成的独立机构对个人信息保护情况进行监督；（2）遵循公开、公平、公正的原则，制定平台规则，明确平台内产品或者服务提供者处理个人信息的规范和保护个人信息的义务；（3）对严重违反法律、行政法规处理个人信息的平台内的产品或者服务提供者，停止提供服务；（4）定期发布个人信息保护社会责任报告，接受社会监督。《个人信息保护法》的上述规定有助于增加大型互联网平台经营业务的透明度，完善平台治理，强化外部监督，形成全社会共同参与的个人信息保护机制。

第六章 履行个人信息保护职责的部门

1. 我国哪个部门负责履行个人信息保护职责？

个人信息保护是一个相对系统的工作，我国的个人信息保护职责部门大致可以分为三类。第一类是国家网信部门，负责统筹协调个人信息保护工作和相关监督管理工作。第二类是国务院有关部门，依照《个人信息保护法》和有关法律、行政法规的规定，在各自职责范围内负责个人信息保护和监督管理工作。第三类是县级以上地方人民政府有关部门，其个人信息保护和监督管理职能按照国家的有关规定确定。以上三类主体统称为履行个人信息保护职责的部门。我国的个人信息保护职责部门在各自的职责范围内履行自己的个人信息保护职责，这样的规定一方面可以使不同的部门对自己的信息保护职责更加明确，形成自上而下的信息保护体系；另一方面也能明确各部门的职责范畴，以便于日后出现问题的时候责任到人，强化各部门工作人员的责任意识，促进个人信息保护体系的长效健康发展。

2. 履行个人信息保护职责的部门需要履行哪些个人信息保护职责？

根据《个人信息保护法》第六十一条的规定，履行个人信息保护职责的部门履行下列个人信息保护职责：

（一）开展个人信息保护宣传教育，指导、监督个人信息处理者开展个人信息保护工作；

（二）接受、处理与个人信息保护有关的投诉、举报；

（三）组织对应用程序等个人信息保护情况进行测评，并公布测评结果；

（四）调查、处理违法个人信息处理活动；

（五）法律、行政法规规定的其他职责。

个人信息保护职责部门的个人信息保护职责贯穿从宣传教育，监督个人信息开展工作到接受投诉、举报，再到对处理活动进行评测以及调查、处理违法个人信息处理活动的全过程。也就是说，个人信息的保护职责是由专门的机关全程履行的，其他机关和个人是没有权利参与的，具有相对的专门性。同时，《个人信息保护法》第六十四条规定，履行个人信息保护职责的部门在履行职责过程中，发现个人信息处理活动存在较大风险或者发生个人信息安全事件的，可以按照规定的权限和程序对该个人信息处理者的法定代表人或者主要负责人进行约谈，或者要求个人信息处理者委托专业机构对其个人信息处理活动进行合规审计。个人信息处理者应当按照要求采取措施，进行整改，消除隐患。履行个人信息保护职责的部门在履行职责中，发现违法处理个人信息涉嫌犯罪的，应当及时移送公安机关依法处理。这就说明只有在个人信息保护职责部门发现个人信息处理者在处理个人信息的活动当中确有问题的情况下，才会要求其他机关的介入，保证了个人信息保护的专业性。

3. 履行个人信息保护职责的部门怎样履行个人信息保护职责?

履行个人信息保护职责的部门并不是被动地对个人信息进行保护，而是要采取一系列的措施主动来落实相关的信息保护工作，因为个人信息处理者处理个人信息的活动是以一种相对封闭和专业的方式进行的，在这样的情形之下，被动的保护方式是不能产生良好效果的，因此《个人信息保护法》第六十三条规定，履行个人信息保护职责的部门履行个人信息保护职责，可以采取下列措施：

（一）询问有关当事人，调查与个人信息处理活动有关的情况；

（二）查阅、复制当事人与个人信息处理活动有关的合同、记录、账簿以及其他有关资料；

（三）实施现场检查，对涉嫌违法的个人信息处理活动进行调查；

（四）检查与个人信息处理活动有关的设备、物品；对有证据证明是用于违法个人信息处理活动的设备、物品，向本部门主要负责人书面报告并经批准，可以查封或者扣押。

履行个人信息保护职责的部门依法履行职责，当事人应当予以协助、配合，不得拒绝、阻挠。

采取积极主动的保护措施，能够对个人信息处理活动形成较好的威慑，从而规范个人信息处理者的行为，保护个人信息权益。

4. 国家网信部门如何推进个人信息保护工作？

根据《个人信息保护法》第六十条第一款的规定：“国家网信部门负责统筹协调个人信息保护工作和相关监督管理工作。”作为履行个人信息保护职责的统领性部门，本法第六十二条规定，国家网信部门统筹协调有关部门依据本法推进下列个人信息保护工作：

（一）制定个人信息保护具体规则、标准；

（二）针对小型个人信息处理者、处理敏感个人信息以及人脸识别、人工智能等新技术、新应用，制定专门的个人信息保护规则、标准；

（三）支持研究开发和推广应用安全、方便的电子身份认证技术，推进网络身份认证公共服务建设；

（四）推进个人信息保护社会化服务体系建设，支持有关机构开展个人信息保护评估、认证服务；

（五）完善个人信息保护投诉、举报工作机制。

国家网信部门在个人信息保护阶段承担的是一种相对系统性的工作，主要是对个人信息保护发挥规范引导的作用，制定相应的标准，使国务院有关部门和县级以上地方人民政府的有关部门能够在国家网信部门的统筹协调下落实信息保护工作。

5. 违法处理个人信息涉嫌犯罪的应该如何处理?

个人信息权益是受法律保护的权益，个人信息处理者在处理个人信息的过程中，可能会操作不规范或者没有按照法律规定的要求处理个人信息，在这样的情况之下，影响的可能不单单是个人的信息权益，严重的可能涉嫌犯罪。根据《个人信息保护法》第六十四条第二款的规定:“履行个人信息保护职责的部门在履行职责中，发现违法处理个人信息涉嫌犯罪的，应当及时移送公安机关依法处理。”履行个人信息保护职责的部门在履行个人信息保护职责时，不仅要对个人信息处理活动过程中个人信息处理者侵害个人信息权益的行为进行规制，对于已经涉嫌违法犯罪的，侵害不特定多数人利益的行为还应当及时移送公安机关，依法公正进行处理。

6. 履行个人信息保护职责的部门如何履行监督职能?

履行个人信息保护职责的部门在履行个人信息保护的过程当中，主动对个人信息处理活动进行信息保护，这只是其履行个人信息保护职责的部门职能的一部分，主动进行信息保护对于做好信息保护工作是不够全面的，不足以涵盖整个履行个人信息保护职责的部门工作的全部，监督管理工作也是履行个人信息保护职责的部门的重要工作内容。根据《个人信息保护法》第六十五条的规定，任何组织、个人有权对违法个人信息处理活动向履行个人信息保护职责的部门进行投诉、举报。收到投诉、举报的部门应当依法及时处理，并将处理结果告知投诉、举报人。履行个人信息保护职责的部门应当公布接受投诉、举报的联系方式。在履行监督管理工作的过程中，任何组织和个人都应当是个人信息保护的监督主体，都有权对违法个人信息处理活动向履行信息保护职责的部门进行投诉、举报。这样的设置能够发挥全社会的力量，能够对个人信息处理活动进行全方位的监督。履行个人信息保护职责的部门对于社会的监督也应该及时进行处理和反馈，从而形成全社会的联动机制，确保个人信息处理活动合法有效进行。

第七章　法律责任

1. 违反《个人信息保护法》规定处理个人信息的应当承担什么责任？

根据《个人信息保护法》第六十六条、第六十七条的规定，违反本法规定处理个人信息，或者处理个人信息未履行本法规定的个人信息保护义务的，由履行个人信息保护职责的部门责令改正，给予警告，没收违法所得，对违法处理个人信息的应用程序，责令暂停或者终止提供服务；拒不改正的，并处一百万元以下罚款；对直接负责的主管人员和其他直接责任人员处一万元以上十万元以下罚款。

有前款规定的违法行为，情节严重的，由省级以上履行个人信息保护职责的部门责令改正，没收违法所得，并处五千万元以下或者上一年度营业额百分之五以下罚款，并可以责令暂停相关业务或者停业整顿、通报有关主管部门吊销相关业务许可或者吊销营业执照；对直接负责的主管人员和其他直接责任人员处十万元以上一百万元以下罚款，并可以决定禁止其在一定期限内担任相关企业的董事、监事、高级管理人员和个人信息保护负责人。

有本法规定的违法行为的，依照有关法律、行政法规的规定记入信用档案，并予以公示。

2. 国家机关不履行《个人信息保护法》规定的个人信息保护义务应当承担什么责任？

根据《个人信息保护法》第六十八条的规定，国家机关不履行本法规定的个人信息保护义务的，由其上级机关或者履行个人信息保护职责的部门责令改正；对直接负责的主管人员和其他直接责任人员依法给予处分。

履行个人信息保护职责的部门的工作人员玩忽职守、滥用职权、徇私舞弊，尚不构成犯罪的，依法给予处分。

对于国家机关不履行信息保护义务的情形，由其上级机关或者履行个人信息保护职责的部门对该国家机关的行为进行处理，具有主体的特定性。同时采取的是责任到人的个人负责制，对直接负责的主管人员和其他直接责任人员依法给予处分，对于违反刑事法律的，尚不构成犯罪的也要给予相应的处分。这样的规定能够督促直接负责的主管人员和其他直接责任人员在工作中认真负责，提高个人信息保护工作的有效性。

3. 个人信息处理者承担责任的责任类型有哪些？

根据《民法典》的有关规定，责任类型分为：(一)过错责任原则，行为人因过错侵害他人民事权益造成损害的，应当承担侵权责任；(二)过错推定责任原则，依照法律规定推定行为人有过错，其不能证明自己没有过错的，应当承担侵权责任；(三)非过错责任原则，行为人造成他人民事权益损害，不论行为人有无过错，法律规定应当承担侵权责任的，依照其规定。这是《民法典》侵权责任编一般规定中对责任类型的划分。根据《个人信息保护法》第六十九条第一款的规定，处理个人信息侵害个人信息权益造成损害，个人信息处理者不能证明自己没有过错的，应当承担损害赔偿等侵权责任。因此，个人信息处理者在处理个人信息的活动中侵害个人权益，使个人遭受损失的，个人信息处理者依据过错推定责任原则承担相应的法律责任。

4. 处理个人信息侵害个人信息权益造成损害，损害赔偿责任怎么确定？

个人信息处理者处理个人信息侵害个人信息权益造成损害，损害赔偿责任应当按照以下两种情形进行确定：（一）按照个人因此受到的损失或者个人信息处理者因此获得的利益确定。《个人信息保护法》对个人权益的保护一般是不具有惩罚性的，主要采取的还是恢复原状、消除影响等形式，对于个人信息损害责任的确定是依据个人权益所受到的实际损失或者个人信息处理者实际获得的利益进行确定，并不会对个人信息处理者的侵权行为进行额外的处罚。（二）个人因此受到的损失和个人信息处理者因此获得的利益难以确定的，根据实际情况确定赔偿数额。个人信息利益是一个相对无形的、很难客观衡量的存在，因此个人利益的损害在实际生活当中也很难量化，当个人遭受的损失或者个人信息处理者获得的利益都无法具体量化的时候，法律为了对个人信息侵权行为进行规制，就会根据实际情况确定损害赔偿责任，至于“实际情况”是一个自由裁量的因素，因此能够给个人信息侵权责任的确定赋予一定的弹性，这样有利于根据具体情况给予相应程度的惩处。

5. 个人信息处理者侵害多人利益的怎么办?

个人信息处理者在个人信息处理活动的过程中，会存在侵害多人信息利益的情形，当侵害多数人利益的时候，仅依靠个人本身对该侵权行为进行监督规制是缺乏力度的，同时由于个人力量的局限性，个人只会保障自身的利益，很难形成对多数人利益进行维护的力量。因此《个人信息保护法》第七十条规定，个人信息处理者违反本法规定处理个人信息，侵害众多个人的权益的，人民检察院、法律规定的消费者组织和由国家网信部门确定的组织可以依法向人民法院提起诉讼，以此来应对个人信息处理者侵害多人利益的情形。应当注意的是，只有人民检察院、法律规定的消费者组织和由国家网信部门确定的组织这三类主体可以向人民法院提起诉讼，其他组织或者个人都没有权利向人民法院就个人信息处理者侵害多人信息利益的行为提起诉讼。提起公益诉讼的主体特定化可以避免现实生活中其他组织或个人就该情形提出诉讼，节约司法资源。

第三篇
案例释法

1. 用户对于 APP 收集个人信息的行为享有哪些权利?

案情回放

黄女士是个文学爱好者，工作之余，她最喜欢通过读书来放松身心。随着互联网技术的发展，手机 APP 电子阅读越来越普遍，除购买纸质书外，黄女士也开始使用一款名为阅读 APP 的软件，通过手机随时随地进行阅读。这样的阅读方式让黄女士觉得既方便又省心，但是有一天，黄女士使用阅读 APP 时发现，在其不知情的情况下，该软件自动关注手机联系人，默认开放读书记录，自己什么时候读了什么书，不仅是自己的联系人，该 APP 的任何用户都可以任意查看。黄女士感到非常生气，认为该阅读 APP 侵害了自己的个人信息权益及隐私权，欲将该 APP 的运营公司诉至法院，要求其立即停止侵权行为，删除相应信息并赔礼道歉。请问：本案中阅读 APP 的行为侵犯了黄女士的个人信息权益吗?

法律解析

互联网的应用尤其是特色化服务离不开用户的个人信息，包括定位信息、偏好信息等。但是《个人信息保护法》第五条规定："处理个人信息应当遵循合法、正当、必要和诚信原则，不得通过误导、欺诈、胁迫等方式处理个人信息。"第四十四条规定："个人对其个人信息的处理享有知情权、决定权，有权限制或者拒绝他人对其个人信息进行处理；法律、行政法规另有规定的除外。"可见，个人在个人信息处理活动中享有知情权和决定权，有权了解个人信息处理者收集使用了自己的哪些个人信息，并对是否授权作出自主判断和决定。互联网企业在使用用户信息的时候必须符合合法性、正当性和必要性的原则，同时也要征求用户的同意，如果互联网企业在开发新功能的过程中忽视了对用户个人信息权益的保护，一味过度地收集用户个人信息，未经用户允许就将其个人信息公开，乃至为了商业利益滥用用户个人信息，那么互联网领域将成为损害公民个人信息安全的重灾区。阅读 APP 强制黄女士授权其收集黄女士手机联系人信息，为其自动添加关注手机联系人，并且默认向未关注用户公开其读书信息的行为，严重侵犯了黄女士的个人信息权益。互联网企业应当遵循合法、正当、必要和诚信原则，重视对用户个人信息的保护，对相关功能进行迭代优化，更加尊重用户的选择权，并对相关社交功能进行强提示，在满足用户知情权和决定权的基础上再做下一步的技术创新。

法律链接

《个人信息保护法》第 5 条、第 44 条

2. 演员发现自己在百科词条网站上的个人信息有误，是否有权要求网站修改？

案情回放

小柔是表演艺术学院表演专业的一名学生。小柔容貌姣好，课业成绩优秀，因此读大三的时候就获得了一次在电视剧中出演

配角的机会。她拍戏时谦虚好学，任劳任怨，得到了剧组上下的一致好评。这部电视剧播出后，小柔也得到了观众的关注和肯定，收获了一定的人气和知名度。在此之后，小柔陆续得到了一些电视剧角色的邀约，也获得了越来越多的粉丝。小柔的粉丝们很喜欢她，于是在一家专门收集整理演员个人信息的网站——KK 百科网上为她建立了“小柔”的百科词条，并且收集了她参加电视节目时透露的诸如年龄、籍贯、成长经历、兴趣爱好和参演作品等个人信息，整理上传到“小柔”的百科词条上，希望越来越多的人能够了解和喜欢小柔以及她的影视作品。可是，小柔的家乡有一个风俗，提及自己的年龄时往往都说虚岁，小柔出道之初，在节目采访中提到自己的年龄时就说了虚岁，粉丝们却将这个年龄当作了小柔的周岁，整理上传到了“小柔”的百科词条上。

后来，小柔顺利毕业，与经纪公司签约成为一名专业演员。几年过去了，随着小柔的作品越来越多，人气越来越高，经纪人开始注重对小柔的宣传工作，要求小柔在接受采访提及年龄时统一说周岁。可是没想到，有网友发现 KK 百科网上“小柔”百科词条中公布的年龄比小柔现在接受采访时提到的年龄要大，于是发帖质疑小柔“谎报年龄”“装嫩”，引发了大量议论。此次事件给小柔的形象造成了负面影响，小柔和其经纪人便联系 KK 百科网，要求其对“小柔”百科词条中的年龄进行修改，并提供了小柔的身份证照片用于证明其真实年龄。然而，KK 百科网的客服人员拒绝了小柔和其经纪人的要求，称 KK 百科网的百科词条都是粉丝自行编辑上传的，KK 百科网无权也无义务对其进行更正。小柔感到很困扰，不知道自己该怎么办。请问：演员发现自己在百科词条网站上的个人信息有误，是否有权要求网站修改？

法律解析

KK 百科网的回应是不负责任的，小柔有权要求其对自己的个人信息进行更正。《个人信息保护法》第八条规定："处理个人信息应当保证个人信息的质量，避免因个人信息不准确、不完整对个人权益造成不利影响。"第四十六条规定："个人发现其个人信息不准确或者不完整的，有权请求个人信息处理者更正、补充。个人请求更正、补充其个人信息的，个人信息处理者应当对其个人信息予以核实，并及时更正、补充。"小柔作为演员，其个人信息往往会被公众所了解，而 KK 百科网是一家专门收集整理演员个人信息的网站，虽然其上的百科词条是由粉丝自行编辑上传的，但是 KK 百科网仍然负有一定的处理义务。小柔已经明确提出证据证明了自己的百科词条上的年龄不准确，并且这种不准确给自己带来了负面影响，KK 百科网有义务在进行核实后及时更正小柔的年龄信息。这一点在《民法典》的相关规定中也有所体现，《民法典》第一千零三十七条第一款就明确规定："自然人可以依法向信息处理者查阅或者复制其个人信息；发现信息有错误的，有权提出异议并请求及时采取更正等必要措施。"

法律链接

《个人信息保护法》第 8 条、第 46 条；《民法典》第 1037 条

3. 为防疫需要，可以将公民个人信息发布在网络上吗?

案情回放

2020年7月，“A市B区物流园一冷冻仓库部分厄瓜多尔进口冻南美白虾外包装新冠病毒核酸呈阳性”的新闻报道一出，相关部门迅速组织涉事产品及购买人员进行核酸检测。就在这时，PP营销策划有限公司将一份名为《A市已购进口白虾顾客名单》的文章发布在其管理的公众号上，供网友下载。该名单包括A市各区县一万多名购买进口白虾人员的姓名、家庭住址、身份证号码、手机号码等详细个人信息。几天内，很多A市市民都在微信群里见到了这份名单。大家纷纷查询自己所在小区是否有相关人员，并将该名单广泛转载传播。

6月时，小李曾经在超市购买一箱厄瓜多尔进口冻南美白虾，因此《A市已购进口白虾顾客名单》上也有他的名字，还有他的家庭住址、手机号码等个人信息。这份名单在社区业主群中流传开后，很多业主对此表示担忧，质疑小李是否感染了新冠病毒，一些情绪激动的业主甚至要求物业封锁小李的住所。除此之外，小李还接到了不少骚扰电话，其和家人的工作生活都受到了极大的影响。小李认为，PP营销策划有限公司将购买进口白虾人员的个人信息发布在网络上的行为，严重侵害了自己的个人信息权益，故而一纸诉状将该公司告上法庭，要求其在案涉公众号及权威报纸上刊登书面道歉信，并赔偿自己精神损害赔偿金1元。请问：法院会支持小李的诉求吗?

法律解析

新冠肺炎疫情来势汹汹，深刻改变了人们的生活方式，在疫情常态化防控的背景下，在对病毒进行溯源和对密切接触者进行流行病学调查时，如何兼顾社会公共利益和公民个人信息安全，是摆在我们面前的一个崭新命题。

《个人信息保护法》第十三条第一款明确规定："符合下列情形之一的，个人信息处理者方可处理个人信息：（一）取得个人的同意；（二）为订立、履行个人作为一方当事人的合同所必需，或者按照依法制定的劳动规章制度和依法签订的集体合同实施人力资源管理所必需；（三）为履行法定职责或者法定义务所必需；（四）为应对突发公共卫生事件，或者紧急情况下为保护自然人的生命健康和财产安全所必需；（五）为公共利益实施新闻报道、舆论监督等行为，在合理的范围内处理个人信息；（六）依照本法规定在合理的范围内处理个人自行公开或者其他已经合法公开的个人信息；（七）法律、行政法规规定的其他情形。"可见，为应对突发公共卫生事件，最大限度地保障社会公共利益，个人信息处理者确实有权处理公民的个人信息，特别是在新冠肺炎疫情防控的关键时期，任何组织和个人都需要遵守国家相关规定，积极配合，科学防疫。但是，公民配合防疫工作，并不代表完全放弃了自己的个人信息权益，个人信息处理者处理个人信息的活动必须控制在合理范围内。被告公司未经相关权威机构授权及原告等名单中当事人的同意，就将公民详细个人信息发布到网络上，这些个人信息被公众大量浏览、转发和下载，造成了广泛的二次传播，给原告人身、财产安全带来巨大的隐患，给原告的日常生活造成负面影响，严重干扰了原告的日常人际交往，甚至还引发了一定程度的社会公众恐慌，不利于疫情防控工作的有序开展，应当承担相应的法律责任。

为实现新冠肺炎疫情期间利用大数据实施联防联控和保护公民个人信息安全之间的平衡，中央网络安全和信息化委员会办公室专门发布了《关于做好个人信息保护利用大数据支撑联防联控工作的通知》。该通知指出，为疫情防控、疾病防治收集的个人信息，不得用于其他用途。任何单位和个人未经被收集者同意，不得公开姓名、年龄、身份证号码、电话号码、家庭住址等个人信息，因联防联控工作需要，且经过脱敏处理的除外。若个别媒体和个人打着“为了社会公众利益、为了国家和公民人身安全着想”的旗号擅自将通过非法途径获得的为疫情防控、疾病防治需要收集的个人信息公之于众，严重侵犯公民的个人信息合法权益，甚至引发社会恐慌，扰乱社会秩序，干扰国家统一防疫调控工作，那么必将面临法律的制裁。大家在看到涉及公民个人信息的名单时，也不应进行转发、传播，而应及时提醒亲戚朋友删除，避免二次传播给他人造成更大的伤害。

法律链接

《个人信息保护法》第13条；《中央网络安全和信息化委员会办公室关于做好个人信息保护利用大数据支撑联防联控工作的通知》第3条

4. 用人单位为签订劳动合同需要，有权要求员工提供重要个人信息吗？

案情回放

杨某是一名大学本科应届毕业生，从升入大四开始，他就认真准备了求职简历，还购置了一套正式的西装，穿着西装、捧着简历，穿梭于各种大型招聘会现场，希望通过自己的努力，能够获得一份理想的工作。功夫不负有心人，在毕业前夕，杨某与一家大型互联网公司达成了合意，该互联网公司的人力资源主管非常欣赏杨某积极向上、肯闯肯干的精气神儿，决定聘用杨某作为公司的新职工。可是，到了签订劳动合同的时候，杨某却有些犹豫，这是因为人力资源主管交给了他一些需要填写的表格，表格上需要填写的内容很多都是他的重要个人信息，不只是他简历上的学历学位、成绩奖励和实习经历，还有他的身份证号码、家庭住址、紧急联系人，甚至有他的银行卡卡号。在应届毕业生求职期间，辅导员老师总是提醒大家注意保护个人信息，谨防求职陷阱，因此杨某很想知道，公司要求他提供这些重要个人信息，究竟是不是合理合法的，自己会不会遭遇了诈骗？请问：用人单位为签订劳动合同需要，有权要求员工提供重要个人信息吗？

法律解析

杨某具有很强的个人信息保护意识，这是非常值得肯定的，但是他即将就职的公司要求其提供重要个人信息，也是合理合法的，他并不需要对此过分担忧。《个人信息保护法》第十三条第一款规定了七项个人信息处理者可以处理个人信息的情形：“（一）取得个人的同意；（二）为订立、履行个人作为一方当事人的合同所必需，或者按照依法制定的劳动规章制度和依法签订的集体合同实施人力资源管理所必需；（三）为履行法定职责或者法定义务所必需；（四）为应对突发公共卫生事件，或者紧急情况下为保护自然人的生命健康和财产安全所必需；（五）为公共利益实施新闻报道、舆论监督等行为，在合理的范围内处理个人信息；（六）依照本法规定在合理的范围内处理个人自行公开或者其他已经合法公开的个人信息；（七）法律、行政法规规定的其他情形。”杨某即将就职的公司要求杨某提供的个人信息，正是为订立、履行双方之间的劳动合同、实施人力资源管理所必需的，如要求杨某填写紧急联系人，是为了方便公司在紧急情况下可以及时联系到职工；而要求杨某填写银行卡卡号，则是为了方便给杨某发放工资。杨某可以放心提供自己的相关个人信息，对于有疑惑的地方，也可以直接与公司人力资源主管沟通，这样，既能尽快化解误会，又可以充分行使自己的个人信息处理的知情权，切实保障自己的个人信息合法权益。

法律链接

《个人信息保护法》第 13 条

5. 物业公司可以强制要求业主提供人脸信息用于门禁系统吗？

案情回放

张某是某小区业主，一天，该小区物业公司在电梯内张贴《重要通知》，告知业主小区门禁系统已改为人脸识别，限期要求业主自行带好身份证、户口簿、房产证等材料至物业处办理人脸和身份信息录入，否则将无法出入小区。张某认为存在隐私风险，故不同意人脸识别验证方式，并质疑物业公司采取“一刀切”的方式升级门禁系统很不合理。物业公司解释，由于小区交付时间久远，监控、门禁等设备老化，遂进行改造升级，事先也征求了业主意见，除张某外其他业主均已同意改造，希望张某也能通情达理一些。但是张某仍旧心存疑虑，不愿意使用人脸识别验证方式，故而他每次只能跟随其他业主通行，给其生活造成极大不便。后张某一再要求和投诉未果，于是将小区物业公司起诉至法院，要求物业公司为其通行提供除刷脸之外的其他非生物信息验证方式。请问：物业公司可以强制要求业主提供人脸信息用于门禁系统吗？

法律解析

近年来，随着信息技术的飞速发展，人脸识别逐步渗透到人们生活的方方面面。在为社会生活带来便利的同时，人脸识别技术所带来的个人信息保护问题也日益凸显，很多人对自己个人信息被收集和利用的行为习以为常，却忽略了其背后的隐私风险。

一方面，人脸信息属于敏感个人信息中的生物识别信息，是生物识别信息中社交属性最强、最易采集的个人信息，具有唯一性和不可更改性，在未经同意的情况下擅自采集使用人脸信息的行为触及了法律红线。《个人信息保护法》第二十八条规定：“敏感个人信息是一旦泄露或者非法使用，容易导致自然人的人格尊严受到侵害或者人身、财产安全受到危害的个人信息，包括生物识别、宗教信仰、特定身份、医疗健康、金融账户、行踪轨迹等信息，以及不满十四周岁未成年人的个人信息。只有在具有特定的目的和充分的必要性，并采取严格保护措施的情形下，个人信息处理者方可处理敏感个人信息。”另一方面，根据《个人信息保护法》第十三条、第十四条的规定，取得个人的同意，个人信息处理者方可处理个人信息；基于个人同意处理个人信息的，该同意应当由个人在充分知情的前提下自愿、明确作出。而且《最高人民法院关于审理使用人脸识别技术处理个人信息相关民事案件适用法律若干问题的规定》第十条第一款也明确规定：“物业服务企业或者其他建筑物管理人以人脸识别作为业主或者物业使用人出入物业服务区域的唯一验证方式，不同意的业主或者物业使用人请求其提供其他合理验证方式的，人民法院依法予以支持。”根据上述规定，符合“告知—同意”原则是个人信息处理者处理个人信息的重要前提，物业公司不能强迫业主提供人脸信息，而应当充分考虑到业主的多样化诉求，为业主提供其他合理的验证方式，业主张某的诉求完全符合上述规定。

本案中的物业公司违反了“告知—同意”原则。物业管理工作在拥抱新科技的同时，也要充分尊重人格权益，物业公司在使用人脸识别门禁系统录入人脸信息时，应当征得业主或者物业使用人的同意，对于不同意的业主或物业使用人，物业公司应当提供替代性验证方式。物业公司认识到了自身存在的问题，立即专门在人脸识别系统上增设了刷卡功能。可见，只有规范人脸识别的应用，才能让科技更好地服务生活。

法律链接

《个人信息保护法》第 13 条、第 14 条、第 28 条;《最高人民法院关于审理使用人脸识别技术处理个人信息相关民事案件适用法律若干问题的规定》第 10 条

6. APP 可以不经用户同意就变更处理用户个人信息的种类吗?

案情回放

随着视频播放平台的崛起和发展，越来越多的人选择下载视频播放 APP，随时随地看自己想看的电影，追自己喜欢的电视剧。田某是一个非常喜欢看电影的人，但是因为工作繁忙，他没有时间经常去电影院。于是，田某选择下载使用 S 视频播放 APP，忙里偷闲，在上下班乘坐地铁的途中或者午休的时候，欣赏自己想看的电影。在田某下载 S 视频播放 APP 时，该 APP 弹出了写着“用户协议”的弹窗，要求田某阅读并确认同意该协议的内容，方可

继续使用该APP。田某按照要求认真阅读了该协议的内容，发现协议要求，为了给用户提供优质的服务，S视频播放APP需要获得收集用户个人信息的权利，这些个人信息主要包括：读取用户的手机相册，以方便用户选择手机相册中的图片作为自己S视频播放APP账号的头像；读取用户的手机号码，将用户的S视频播放APP账号与手机号码绑定，以方便用户在丢失账号或者忘记密码的情况下及时找回自己的账号；等等。田某认为S视频播放APP的这些要求是合理的，所以同意了该协议，开始使用该APP。然而，有一天，田某临时起意点开该协议浏览时却发现，该协议不知道在什么时候增加了一条读取用户位置信息的条款。田某感到非常气愤，他认为S视频播放APP私自增加了获取自己位置信息的条款，却并没有重新取得自己的同意，严重侵犯了自己的个人信息合法权益，于是将该APP的运营公司告上了法庭，主张侵权损害赔偿。请问：田某的诉求能够得到法院支持吗？APP可以不经用户同意就变更处理用户个人信息的种类吗？

法律解析

田某的诉求能够得到法院支持，他的个人信息合法权益遭到了S视频播放APP的侵犯，有权主张侵权损害赔偿。《个人信息保护法》第十四条规定："基于个人同意处理个人信息的，该同意应当由个人在充分知情的前提下自愿、明确作出。法律、行政法规规定处理个人信息应当取得个人单独同意或者书面同意的，从其规定。个人信息的处理目的、处理方式和处理的个人信息种类发生变更的，应当重新取得个人同意。”由此可见，个人信息处理者处理个人信息，必须取得个人充分知情的明确同意，田某初次下载使用S视频播放APP时，该APP弹出了用户协议弹窗，要求田某阅读并确认该协议，并在协议中详尽列举了该APP需要收集的用户个人信息的种类，这就充分履行了告知义务，保障了田某对个人信息处理的知情权。然而在此之后，该APP变更用户协议内容，增加了收集用户个人信息的种类，却没有将这一情况及时告知田某并取得田某的同意，这显然违反了法律关于“个人信息的处理目的、处理方式和处理的个人信息种类发生变更的，应当重新取得个人同意”的规定，田某主张侵权损害赔偿的诉求是有充分法律依据的。

法律链接

《个人信息保护法》第14条

7. 公司合并后调整用户信息处理协议的，是否需要重新获得用户同意？

案情回放

C公司和D公司都是运营在线音乐播放APP的公司，虽然业务上偶有竞争，但是两家公司的业务侧重点和技术优势并不相同。因此，经过深思熟虑，两家公司的老总达成了共识，决定将两家公司合并成立一家新公司，使两家公司的业务优势得以互补，从而在市场竞争中获得先机。经过漫长的谈判，两家公司顺利合并，而C公司运营的CC音乐APP也并入了D公司运营的DD音乐APP。CC音乐APP在个性化服务领域一直非常先进，具有收集用户收听音乐历史并通过大数据分析为用户贴心推送类似风格音乐的功能，其并入DD音乐APP后，DD音乐APP也增加了相应的功能。

小林一直以来都是DD音乐APP的忠实用户，CC音乐APP并入DD音乐APP后，他发现DD音乐APP开始通过收集自己的收听音乐历史为自己推送类似风格的音乐。小林认为，自己当初注册使用DD音乐APP时，DD音乐APP并没有这项功能，也并没有在用户协议中取得自己对收听音乐历史个人信息收集的允许，DD音乐APP要调整用户个人信息处理协议，应当事先履行告知义务，并取得自己的同意，否则就侵犯了自己的个人信息合法权益。于是，小林与DD音乐APP的客服人员进行了沟通。收到小林的意见后，DD音乐APP意识到了用户协议调整后存在的问题，立刻向小林诚恳道歉并赔偿损失。在接下来的更新中，DD音乐APP增加弹窗向用户展示了变更后的用户协议，请用户阅读后再作出是否同意的决定。请问：公司合并后调整用户信息处理协议的，是否需要重新获得用户同意？

法律解析

《个人信息保护法》第二十二条规定："个人信息处理者因合并、分立、解散、被宣告破产等原因需要转移个人信息的，应当向个人告知接收方的名称或者姓名和联系方式。接收方应当继续履行个人信息处理者的义务。接收方变更原先的处理目的、处理方式的，应当依照本法规定重新取得个人同意。”由此可见，收集有用户个人信息的公司发生合并、分立等一系列调整，需要转移所收集的用户个人信息的，应当履行告知义务，告知用户调整后的个人信息处理主体的名称或者姓名和联系方式。而公司合并后，需要调整用户信息处理协议的，更应当先重新获得用户的同意。这是充分保障用户对自己个人信息处理情况知情权的需要，也是规范现今新技术不断涌现的个人信息处理活动的手段。就像本案中的DD音乐APP一样，经过听取小林的意见，其意识到未及时向用户告知变更后的用户协议，而且其增加收集用户个人信息，也没有及时获得用户的重新同意，是严重侵犯用户个人信息权益的行为，如果未能及时纠正，被用户告上法庭，将给公司经营带来负面影响，所以DD音乐APP诚恳道歉并赔偿损失，及时更新APP，完善了相应功能，也因此取得了小林的谅解。

法律链接

《个人信息保护法》第22条

8. 消费者遭遇“大数据杀熟”时该如何维权?

案情回放

胡女士一直都通过某旅游APP预订机票、酒店，因此，她是该 APP 享受 8.5 折优惠价的钻石贵宾客户。2020 年 7 月，胡女士像往常一样，通过该 APP 订购了某酒店的一间豪华湖景大床房，支付价款 3000 元。然而，行程结束退房离开酒店时，胡女士偶然发现，酒店的实际挂牌价仅为 1400 元。胡女士不仅没有享受到钻石贵宾客户应当享受的优惠，反而多支付了一倍的房价。胡女士与 APP 客服人员沟通，对方以其系平台方，并非涉案订单的合同相对方等为由，仅退还了部分差价。

胡女士回家后，越想越生气，于是以该 APP 的运营公司采集其个人非必要信息，进行“大数据杀熟”等为由诉至法院，要求对方退一赔三，并要求其为自己增加不同意“服务协议”“隐私政策”时仍可继续使用的选项，以避免该 APP 采集其个人信息，掌握自己的数据。请问：法院会支持胡女士的诉求吗?

法律解析

法院会支持胡女士的诉求。一方面，被告作为中介平台对标的实际价值有如实报告义务，但是其未如实报告。被告向胡女士承诺钻石贵宾客户享有优惠价，却无价格监管措施，向胡女士展现了一个溢价 100% 的失实价格，未践行承诺。而且，被告在处理胡女士投诉时告知其无法退还全部差价的理由也与事实不符，存在虚假宣传、价格欺诈和欺骗行为，根据《消费者权益保护法》第五十五条第一款“经营者提供商品或者服务有欺诈行为的，应当按照消费者的要求增加赔偿其受到的损失，增加赔偿的金额为消费者购买商品的价款或者接受服务的费用的三倍；增加赔偿的金额不足五百元的，为五百元”之规定，胡女士可以获得退一赔三的赔偿。另一方面，用户新下载该APP后，必须点击同意“服务协议”“隐私政策”方能使用，如不同意，将直接退出APP，这说明该APP通过拒绝提供服务形成了对用户的强制。而且，该APP的“服务协议”“隐私政策”要求用户特别授权其关联公司、业务合作伙伴共享用户的注册信息、交易、支付数据，并允许其关联公司、业务合作伙伴对用户信息进行数据分析，对分析结果进一步商业利用；还要求用户授权其自动收集用户的个人信息，包括日志信息、设备信息、软件信息、位置信息，要求用户许可其使用用户信息进行营销活动、形成个性化推荐，同时要求用户同意其将用户的订单数据进行分析，从而形成用户画像，以便其了解用户偏好。上述信息超越了形成订单必需的要素信息，属于非必要信息的采集和使用，而将用户信息分享给被告可随意界定的关联公司、业务合作伙伴进行进一步商业利用更是既无必要性，又大大增加了用户个人信息使用风险。因此，胡女士不同意被告现有“服务协议”和“隐私政策”的诉求合理合法，能够得到法院的支持。

APP“大数据杀熟”等问题是当今社会值得关心、关注的问题。商家利用收集到的客户个人信息，通过计算机技术进行自动化决策，对客户进行“大数据杀熟”的行为，有违诚信原则，严重损害消费者合法权益。对此，《个人信息保护法》第二十四条第一款规定“个人信息处理者利用个人信息进行自动化决策，应当保证决策的透明度和结果公平、公正，不得对个人在交易价格等交易条件上实行不合理的差别待遇”，明确禁止商家“大数据杀熟”。

法律链接

《个人信息保护法》第 24 条;《消费者权益保护法》第 55 条

9. 网络购物 APP 通过自动化决策向个人进行信息推送需要满足什么前提条件?

案情回放

随着互联网经济的蓬勃发展，越来越多的人选择使用网络购物 APP 购买商品，无论是价格昂贵的家具家电、数码产品，还是物美价廉的水果蔬菜、油盐酱醋，在网络购物 APP 上，往往只有消费者想不到的，却没有消费者买不到的。高某就是一个资深的网络购物 APP 使用者，多年来习惯使用 BB 网络购物 APP 进行网购。但是，最近她发现，因为大数据算法技术越来越先进成熟，BB 网络购物 APP 也开始引进大数据算法对用户进行自动化决策和个性推送了，最明显的例子就是，当她搜索过一次沙发抱枕后，她的 APP 首页上就开始总是优先推送各种各样款式不同风格不同的抱枕。虽然看上去，这样的个性推送确实便利了她的购物选择，但是高某却高兴不起来，因为她还发现，推送的商品并不总是物美价廉的高质量商品，相反，其中混杂着很多以次充好、图文不符的商品，导致她总是购买到不合心意的商品，不得不申请退货，这样的个性推送反而给她自由的购物选择造成了困扰。于是，高某向 BB 网络购物 APP 的客服人员询问如何关闭个性推送功能，没想到客服人员却说这种功能是默认的，用户无法关闭。高某非常生气，经再三沟通未果，她将 BB 网络购物 APP 的运营公司告上了法庭，要求其为自己提供便捷的拒绝个性推送的选项。请问：高某的诉求能得到法院的支持吗？网络购物 APP 通过自动化决策向个人进行信息推送需要满足什么前提条件？

法律解析

大数据技术的飞速发展确实为我们的生活带来了翻天覆地的变化，网络购物 APP 可以通过大数据算法分析用户的购物需求，投其所好，为用户推送最符合其要求的商品，这样既能方便用户进行购物选择，又能最大限度增加商品销量，看上去确实是两全其美的好事。但是，大数据技术的应用仍然存在很多不规范和不成熟的地方，就像本案中的高某那样，她看到的个性推送的商品，并不总是高质量商品，导致其总是买到不合心意的商品。可见，这样的个性推送还存在误导消费者的嫌疑。为在鼓励新兴技术发展的同时，充分保障消费者的合法权益，《个人信息保护法》第二十四条第二款规定，通过自动化决策方式向个人进行信息推送、商业营销，应当同时提供不针对其个人特征的选项，或者向个人提供便捷的拒绝方式。也就是说，网络购物 APP 可以通过自动化决策进行信息推送和商业营销，但是必须同时为消费者提供不针对其个人特征的选项，或者充分保障消费者拒绝接受推送和营销的权利。故而，高某的诉求能够得到法院的支持。BB网络购物APP应当进行相应的技术升级，为用户增设便捷的拒绝接受个性推送的选项，只要用户选择拒绝，该APP就不得利用大数据算法分析其浏览记录和购物偏好，进而对用户进行个性推送。只有这样，才能规范大数据技术的应用，保障消费者的合法权益。

法律链接

《个人信息保护法》第24条

10. 酒店可以将大堂监控视频用于维护公共安全外的其他目的吗？

案情回放

傅某与丈夫汪某是大学同学，毕业后又在同行业工作，后来两人顺理成章地恋爱结婚了。但是婚后几年，汪某因工作岗位调动开始经常出差，两人聚少离多，感情也渐渐变淡了。直到有一天，汪某出差回来，意外撞见傅某与邻居张某一起散步，两人言谈举止十分暧昧，这让汪某感到很不是滋味，并对妻子傅某和张某的关系产生了怀疑，于是他开始私下调查。经过一段时间的调查，张某发现傅某与张某共同入住A酒店，于是他前往该酒店，经与酒店大堂经理交涉，取得了傅某与张某入住当天在酒店大堂办理手续的监控视频。掌握该监控视频后，汪某以此作为傅某婚内出轨的证据，向法院提起了离婚诉讼。傅某非常生气，她认为，A 酒店将自己入住酒店的监控视频交给汪某的行为严重侵害了自己的合法权益。但 A 酒店负责人认为，在公共场所安装图像采集、个人身份识别设备是合理合法的，A 酒店有权处理大堂的监控视频，该行为并无不妥。请问：A 酒店的做法是否违反法律规定呢？

法律解析

为了维护公共安全，依据国家有关规定，酒店大堂、机场大厅等公共场所可以设置图像采集、个人身份识别设备，收集个人信息。但是，这种个人信息收集活动并不是无限制的。《个人信息保护法》第二十六条规定："在公共场所安装图像采集、个人身份识别设备，应当为维护公共安全所必需，遵守国家有关规定，并设置显著的提示标识。所收集的个人图像、身份识别信息只能用于维护公共安全的目的，不得用于其他目的；取得个人单独同意的除外。"根据该规定，可以看出，在公共场所安装图像采集、个人身份识别设备，其目的是受到严格限制的，即"为维护公共安全所必需"，所以，A 酒店在酒店大堂安装监控摄像头录制监控视频确实是合理合法的。但是，公共场所图像采集设备所收集的个人图像、身份识别信息未经个人单独同意，不得用于其他目的，酒店作为特种行业经营者，更不得删改、传播、非法使用视频监控录像资料，不得透露相关个人信息。然而，A 酒店未经傅某同意，就将录制了她与张某办理入住手续图像的监控视频交给汪某，正是将该监控视频"用于其他目的"，A 酒店违反了《个人信息保护法》

的规定，严重侵害了傅某的个人信息权益，依法应当承担相应的法律责任。

法律链接

《个人信息保护法》第26条

11. 从事什么活动将被列入限制或者禁止个人信息提供清单？

案情回放

王某与张某常年在东南亚地区做小生意。一天，王某告诉张某，他发现了一条新的赚钱“门路”，就是注册一家空壳公司，在国内各大互联网社区上发布海外招聘启事，借此让应聘者递交简历，之后将应聘者简历中提及的重要个人信息集中起来出售牟利。张某一开始不以为然，认为这样收集个人信息费时费力，上当受骗的人不会太多，而且这些个人信息也值不了多少钱。但是王某再三劝说，并且说他们身处国外，国内警方拿他们没办法。于是张某动心同意了。后来，他们发现这样收集个人信息并不难，很多应聘者求职心切，加之对国外公司的真实情况并不了解，纷纷投来简历。他们将这些简历上的信息售卖给诈骗团伙和一些靠收集个人信息赚钱的公司，获得了丰厚的收益。但是，随着国内打击治理电信网络新型违法犯罪的力度不断加大，一些诈骗团伙相继落网，王某与张某的行为也被供出。请问：王某与张某以及他们注册的空壳公司是否会因此被列入限制或者禁止个人信息提供清单？

法律解析

当今时代，信息安全越来越成为国家安全的重要组成部分。公民个人信息的泄露，将会使公民面临个人信息被恶意传播、利用、骚扰和诈骗的风险；而公民个人信息的大规模泄露，更是会直接危及社会公共利益，甚至对国家安全构成威胁。因此，对于境外组织、个人侵害我国公民个人信息权益的行为，我国网信部门有权采取措施加以制止。《个人信息保护法》第四十二条规定："境外的组织、个人从事侵害中华人民共和国公民的个人信息权益，或者危害中华人民共和国国家安全、公共利益的个人信息处理活动的，国家网信部门可以将其列入限制或者禁止个人信息提供清单，予以公告，并采取限制或者禁止向其提供个人信息等措施。"可见，境外组织、个人从事侵害我国公民个人信息权益的活动，或者从事危害我国国家安全、公共利益的个人信息处理活动，一旦查实，将被网信部门列入限制或者禁止个人信息提供清单，这些组织、个人将无法再轻易获取我国公民的个人信息，还会被追究相应的法律责任。张某与王某利用空壳公司，伪造海外招聘信息，骗取我国公民的个人信息加以售卖，其行为严重侵害了我国公民个人信息权益，他们和他们的空壳公司都将被列入禁止个人信息提供清单，而且司法机关还将追究其刑事责任。这样严格的法律规定，有利于切实保障我国公民的个人信息合法权益，也有利于维护我国的国家信息安全。

法律链接

《个人信息保护法》第 42 条

12. 招聘结束后，公司是否应当删除落榜应聘者的个人信息?

案情回放

腾飞公司是一家大型化妆品研发经销公司，每年都会通过参加各大高校的春秋校招以及各种招聘会来招聘新员工。腾飞公司的用人标准很严格，首先，应聘者需要投递简历参加初筛，只有简历得到了人力资源部门的认可，应聘者才能进入下一轮招聘流程；之后，应聘者还将经历一轮关于结合应聘岗位特点的化妆品相关专业知识的考试；最后，通过考试的应聘者还要参加由公司高层亲自担任主考官的最后一轮面试。经过层层筛选，最终得到offer的应聘者往往都是百里挑一的人才。借助如此严格的招聘流程，腾飞公司总能招揽到最优秀的人才，腾飞公司的发展也因此蒸蒸日上。腾飞公司在招聘和考试的过程中，自然会获得应聘者的简历，简历上往往都记录着应聘者的姓名、电话号码、家庭住址、学历学位和工作经验等重要个人信息。对于这些简历，腾飞公司一贯的做法是，无论应聘者最终是否通过招聘流程成为本公司的员工，腾飞公司人力资源部门都会将简历汇总整理，长期留存。然而，又一次招聘结束后，一位名叫晓飞的落榜的应聘者却向腾飞公司人力资源总管提出，要取回自己的简历，并要求腾飞公司删除有关自己的如电话号码、家庭住址等重要个人信息。腾飞公司人力资源总管是第一次听到这样的要求，他感到很疑惑，不知道晓飞是不是因落榜而故意找麻烦，也不知道晓飞的要求是否有法律依据。请问：招聘结束后，公司是否应当删除落榜应聘者的个人信息？

法律解析

晓飞的要求有法律依据，腾飞公司应当返还晓飞的简历，并及时主动删除公司获取的晓飞的个人信息。个人信息处理者处理个人信息应当基于必要和遵守限度，腾飞公司在招聘过程中获取应聘者的电话号码等个人信息，是出于联系和组织应聘者的目的，这是必要的也是合理合法的；但是，既然晓飞已经落榜，不会入职腾飞公司了，那么腾飞公司处理晓飞个人信息的目的也就不再存在了。《个人信息保护法》第四十七条明确规定："有下列情形之一的，个人信息处理者应当主动删除个人信息；个人信息处理者未删除的，个人有权请求删除：（一）处理目的已实现、无法实现或者为实现处理目的不再必要；（二）个人信息处理者停止提供产品或者服务，或者保存期限已届满；（三）个人撤回同意；（四）个人信息处理者违反法律、行政法规或者违反约定处理个人信息；（五）法律、行政法规规定的其他情形。法律、行政法规规定的保存期限未届满，或者删除个人信息从技术上难以实现的，个人信息处理者应当停止除存储和采取必要的安全保护措施之外的处理。"由此可见，腾飞公司应当主动删除晓飞的个人信息，如果腾飞公司拒绝删除，晓飞完全有理由请求其删除，以保障自己的个人信息合法权益。

法律链接

《个人信息保护法》第47条

13. 网络博主去世后，其近亲属是否有权处理其在网络上的个人信息?

案情回放

小赵是一名大学生，性格比较内敛，平日里喜欢在自己的博客上写日记，记录自己就读大学时的心情和生活。小赵的文笔很细腻，她坚持每天将自己的日常生活经历、遇到的趣事、拍到的照片和人生感悟都记录在博客上的日记里，久而久之，小赵的博客拥有了大量的粉丝。粉丝们关注小赵的生活，与小赵共同分享生活中的喜怒哀乐，小赵也逐渐成了知名的博客作者。为了回应粉丝们的喜爱和关注，小赵对自己的博客也越来越上心了，经常专门出门采风、拍照，以丰富自己的博客内容。

然而，天有不测风云，一天，小赵在独自一人出门旅行采风的途中遭遇车祸，经抢救无效不幸去世。这个噩耗传到小赵父母耳中后，小赵的父母悲痛欲绝。在料理好小赵的后事后，小赵的父母得知小赵有一个知名的博客账户，记录了她生活中的点点滴滴。于是，小赵的父母向博客的运营公司提出申请，希望可以得到小赵博客的账号和密码，以整理下载女儿生前的日记和照片留作纪念，并通过该博客向关心女儿的粉丝们表示感谢。请问：小赵父母的愿望能够得到满足吗?

法律解析

现代信息网络技术日新月异，从最初的“空间”，到后来的“博客”，再到现在的“微博”，互联网技术为人们提供了多样化的表达自我的平台。在这个过程中，也有很多网络博主涌现出来，有记录生活的，有分享好物的，有科普知识的，有展示才艺的，互联网拉近了人与人之间的距离，孕育了很多令人感动的故事。那么，如果网络博主去世了，其账户以及账户中的个人信息又该何去何从呢？为此，《个人信息保护法》第四十九条规定：“自然人死亡的，其近亲属为了自身的合法、正当利益，可以对死者的相关个人信息行使本章规定的查阅、复制、更正、删除等权利；死者生前另有安排的除外。”可见，网络博主去世后，其近亲属有权对其相关个人信息进行处理，小赵的博客中记录着她的大学生活，还留存有她的照片，这些都属于小赵的个人信息，所以其父母有权在其去世后要求获得该博客的处理权。博客运营公司得知小赵父母的心愿后，将博客的账号和密码交给了小赵的父母。在此之后，小赵的父母通过该博客向粉丝们表达了谢意，并对小赵多年的日记和照片进行了整理汇总，而小赵的博客下，也总是写满了粉丝们的怀念和祝福。

但是，需要注意的是，近亲属对于死者个人信息的处理需要满足两方面的条件：第一，其近亲属处理其个人信息必须出于合法、正当利益；第二，死者生前没有另外的安排。如果死者生前对如何处理自己的个人信息已有意思表示，那么，其近亲属也应当尊重死者的选择，就像小赵的例子里，如果小赵生前明确表示自己若有一天离开人世，希望博客运营公司删除其博客及博客中的全部内容，那么其父母就不能取得该博客的账号和密码了。

法律链接

《个人信息保护法》第49条

14. 个人信息处理者在保护公民个人信息方面负有哪些义务？

案情回放

小孟有一头乌黑浓密的长发，是个爱美的女孩子，对保养打理自己的头发很有心得。除了注重头发的日常护理，小孟还是一家知名的全国连锁美发机构的高级会员，定期会到这家美发机构在自己家附近开设的分店，请专业的美发师对自己的头发进行高级护理，设计各种漂亮的发型。时间久了，小孟和这家分店的几位美发师都成了熟识的朋友，其中有一位理发师小高最常为小孟服务，与小孟的关系也最好。可是有一次，小高为小孟设计发型时，因为失误将小孟的刘海剪坏了，导致小孟很长一段时间不愿意露出刘海，只能戴着帽子出门。虽然小高再三道歉，但是爱美的小孟还是对这件事耿耿于怀，于是再也不找小高做发型了，还私下在该美发机构的官网上给了小高差评。这件事过去一段时间后，小孟已经逐渐忘记了当时的不快，但是她忽然开始收到恶意骚扰电话和各种护发产品的推销短信，这让小孟苦不堪言。小孟再三查证，才从其他理发师口中得知，自己在该美发机构官网上给小高差评的事情被小高发现了，小高因此心生不满，经常对同事抱怨小孟翻脸不认人。为了报复小孟，小高用员工账号登录机构官网，轻而易举地查到了小孟的会员信息填写记录，将小孟注册会员时填写的姓名、年龄、电话号码、常用护发产品等个人信息偷偷复制了下来，并发布在网络上，想要给小孟制造麻烦。

小孟得知这件事后非常生气，一方面，她认为小高窃取并非法发布自己个人信息的行为严重侵害了自己的合法权益；另一方面，她还认为该美发机构对会员个人信息的保护形同虚设，对员工管理不善，这才让小高有机可乘，偷偷复制了自己的个人信息。请问：小孟的想法有没有法律依据？个人信息处理者在保护公民个人信息方面负有哪些义务？

法律解析

《个人信息保护法》第五十一条对个人信息处理者的义务作出了详尽的规定："个人信息处理者应当根据个人信息的处理目的、处理方式、个人信息的种类以及对个人权益的影响、可能存在的安全风险等，采取下列措施确保个人信息处理活动符合法律、行政法规的规定，并防止未经授权的访问以及个人信息泄露、篡改、丢失：（一）制定内部管理制度和操作规程；（二）对个人信息实行分类管理；（三）采取相应的加密、去标识化等安全技术措施；（四）合理确定个人信息处理的操作权限，并定期对从业人员进行安全教育和培训；（五）制定并组织实施个人信息安全事件应急预案；（六）法律、行政法规规定的其他措施。"其中就包括"合理确定个人信息处理的操作权限，并定期对从业人员进行安全教育和培训”的规定。小孟经常光临的这家知名的全国连锁美发机构，在全国各地拥有众多的会员，掌握着大量的会员个人信息数据，但是却没有建立完善的会员个人信息管理制度，没有对员工处理会员个人信息的操作权限进行合理区分，也没有对员工进行个人信息安全方面的教育和培训。理发师小高根本没有意识到窃取和非法发布小孟的个人信息会造成什么样的后果，并且轻易就通过员工账号查到了小孟的会员信息填写记录，最终严重侵害了小孟的个人信息权益，该美发机构的失职是重要的原因之一。个人信息处理者既然掌握着大量的公民个人信息数据，自然也应当承担起保护公民个人信息安全的重大责任。

法律链接

《个人信息保护法》第 51 条

15. 短视频 APP 需要利用个人信息进行自动化决策的，需要经过什么前置程序？

案情回放

BOBO 公司是一家运营手机短视频 APP 的公司，其旗下的短视频 APP，为广大用户提供了一个互联网社交平台，用户可以在该 APP 上注册账号，拍摄各种各样的短视频，并配上短视频 APP 内置的各色滤镜，增加合适的背景音乐，发布到该 APP 上供大家观看。该短视频 APP 创意新颖，操作方便，吸引了大批用户。用户们在该短视频 APP 上各显神通，有人发布自己下厨做菜的教程，有人发布自己收藏的良心好物，有人展示自己的舞蹈才华，甚至还有人尝试拍摄风趣幽默的情景短剧。而用户在浏览这些短视频时，往往也有自己的兴趣和偏好，如喜欢下厨的用户，就倾向于关注和了解每天发布做菜教程的用户。为了更好地了解用户偏好，借助大数据技术，为用户提供更有针对性的视频推送服务，BOBO 公司希望能够获得收集用户浏览、关注和收藏的视频内容等个人信息，并利用这些用户个人信息进行自动化决策，向用户推送类似题材的视频。但是 BOBO 公司并不清楚，想要利用用户个人信息进行自动化决策，需不需要经过什么前置程序，会不会带来法律风险。请问：短视频 APP 需要利用个人信息进行自动化决策的，需要经过什么前置程序？

法律解析

近年来，5G 技术飞速发展，智能手机越来越成为大家生活中不可或缺的小帮手，各种功能不同的手机 APP 也应运而生。除了外卖 APP、打车 APP 等功能性的 APP，还有很多娱乐性的 APP，满足了大家的社交和休闲需求，而案例中 BOBO 公司旗下的短视频 APP 就是其中代表。这些 APP 为了改善用户体验，往往需要利用大数据技术抓取用户个人信息，进行个性化分析，而这样的行为如果缺少规范，就会给用户带来个人信息风险隐患。为此，《个人信息保护法》第五十五条规定："有下列情形之一的，个人信息处理者应当事前进行个人信息保护影响评估，并对处理情况进行记录:(一)处理敏感个人信息;(二)利用个人信息进行自动化决策;(三)委托处理个人信息、向其他个人信息处理者提供个人信息、公开个人信息;(四)向境外提供个人信息;(五)其他对个人权益有重大影响的个人信息处理活动。”第五十六条规定:“个人信息保护影响评估应当包括下列内容:(一)个人信息的处理目的、处理方式等是否合法、正当、必要;(二)对个人权益的影响及安全风险;(三)所采取的保护措施是否合法、有效并与风险程度相适应。个人信息保护影响评估报告和处理情况记录应当至少保存三年。”由此可见,我国《个人信息保护法》对现在各类手机 APP 普遍存在的自动化决策行为提出了要求,即在进行自动化决策前,必须进行个人信息保护影响评估,确保这种行为受到法律的约束,最大限度保障用户的个人信息安全。

法律链接

《个人信息保护法》第 55 条、第 56 条

16. APP 过度收集用户个人信息,将受到什么样的法律处罚?

案情回放

D 公司是一家运营网约车平台的公司,其开发的 DODO 网约车 APP 页面简洁、识别准确,可以帮助想要打车出行的用户搜索其附近的出租车、顺风车以及专车,通过互联网技术进行分析计算,为乘客合理规划行程路线。用户只需要选择自己的目的地和想要

乘坐的网约车类型，就可以等待系统自动分配附近最合适的网约车司机了。而注册了该网约车 APP 的司机，也可以等待系统分配乘客，而不再需要漫无目的地在道路上揽客。DODO 网约车软件既方便了乘客，也方便了司机，大大提高了打车出行的效率。因此，该网约车 APP 在我国网约车市场上占据了很大份额，长期以来受到用户们的广泛好评。

然而近日，国家网信部门却发布了下架 DODO 网约车 APP 的通报，通报称，根据举报，经检测核实，DODO 网约车 APP 存在严重违法违规收集使用个人信息问题，因此，网信部门通知各大手机 APP 应用商店下架 DODO 网约车 APP，并要求 D 公司严格按照法律要求，参照国家有关标准，认真整改存在的问题，切实保障广大用户个人信息安全。

由于网约车 APP 的功能需要和安全保障需求，此类 APP 确实需要对用户的基本个人信息、所处地理位置、目的地、出行习惯等个人信息进行收集和分析，但是，这种个人信息处理活动必须在合理合法的范围内进行。请问：APP 过度收集用户个人信息，一经查实，会受到什么样的法律处罚？

法律解析

根据《个人信息保护法》第五十八条的相关规定，个人信息处理者，特别是像 DODO 网约车 APP 这样，提供重要互联网平台服务、用户数量巨大、业务类型复杂的个人信息处理者，应当认真履行个人信息保护义务，健全个人信息保护合规制度体系，遵循公开、公平、公正的原则制定平台规则，定期发布个人信息保护社会责任报告，接受社会监督等。而如果DODO网约车APP未能履行个人信息保护义务，甚至过度收集用户个人信息，侵害用户合法权益，那么其必然要承担相应的法律责任。

《个人信息保护法》第六十六条规定："违反本法规定处理个人信息，或者处理个人信息未履行本法规定的个人信息保护义务的，由履行个人信息保护职责的部门责令改正，给予警告，没收违法所得，对违法处理个人信息的应用程序，责令暂停或者终止提供服务；拒不改正的，并处一百万元以下罚款；对直接负责的主管人员和其他直接责任人员处一万元以上十万元以下罚款。有前款规定的违法行为，情节严重的，由省级以上履行个人信息保护职责的部门责令改正，没收违法所得，并处五千万元以下或者上一年度营业额百分之五以下罚款，并可以责令暂停相关业务或者停业整顿、通报有关主管部门吊销相关业务许可或者吊销营业执照；对直接负责的主管人员和其他直接责任人员处十万元以上一百万元以下罚款，并可以决定禁止其在一定期限内担任相关企业的董事、监事、高级管理人员和个人信息保护负责人。"DODO网约车APP已经被国家网信部门责令下架整改，若拒不改正，运营该网约车APP的D公司以及D公司直接负责的主管人员和其他直接责任人员都将面临罚款；情节严重的，直接负责的主管人员和其他直接责任人员还可能被处以一定期限的职业禁止。因此，个人信息处理者应当严格遵守法律规定，积极承担社会责任，充分保障用户个人信息权益，否则终将害人害己。

法律链接

《个人信息保护法》第58条、第66条

17. 发生个人信息侵权纠纷，由哪一方承担举证责任？

案情回放

TT社交软件是一款界面简明、功能齐备的即时社交软件，有很多忠实用户，小贾就是其中之一。小贾自读大学时就开始使用这款社交软件，他认为该软件操作很方便，最重要的是，该软件的隐私保护做得很好，从没有出现过自动推荐周边好友等涉嫌过度收集用户个人信息的情况。但是，有一天，小贾一连接到了好几个陌生推销电话，这让他感到很烦恼，认为自己的个人信息被泄露了。经过多方查证，小贾得知，很多同样使用TT社交软件的用户，和自己一样遭遇了个人信息泄露的困扰，而泄露的个人信息明显与保存在TT社交软件中的个人信息重合。因此，小贾怀疑TT社交软件对用户个人信息的保护工作出现了漏洞，这才导致了用户个人信息的泄露。

于是，小贾将运营TT社交软件的T公司告上了法庭，要求其赔偿自己因个人信息泄露蒙受的损失。但是在庭审过程中，T公司的代理律师表示，“谁主张谁举证”，小贾既然主张是TT社交软件的过错导致其个人信息泄露，那么就应该拿出有力的证据加以证明，否则T公司不应承担相应的损害赔偿责任。对此小贾感到非常不解，他认为自己根本无法取得 TT 社交软件的后台数据，又该如何举证呢？请问：法院会支持 T 公司的抗辩吗？

法律解析

《个人信息保护法》第六十九条规定：“处理个人信息侵害个人信息权益造成损害，个人信息处理者不能证明自己没有过错的，应当承担损害赔偿等侵权责任。前款规定的损害赔偿责任按照个人因此受到的损失或者个人信息处理者因此获得的利益确定；个人因此受到的损失和个人信息处理者因此获得的利益难以确定的，根据实际情况确定赔偿数额。”根据该规定可知，我国《个人信息保护法》对于个人信息侵权案件，采取了过错推定原则。这是因为，就侵害个人信息的侵权责任而言，如果适用过错责任，就势必要求受害人证明加害人的过错，而这显然是很困难的，个人信息处理活动具有很强的专业性和技术性，个人难以了解个人信息处理者的过错，更不用说提出充分的证据加以证明了。本案中，小贾已经初步证明自己遭遇的个人信息泄露与 TT 社交软件有关，而 T 公司就有责任举出证据证明自己已经尽到了合理注意义务，对小贾个人信息的泄露并不存在过错。如果 T 公司举证不能，法院最终将判决其承担损害赔偿责任，以充分保障小贾的个人信息合法权益。

法律链接

《个人信息保护法》第 69 条

附录

中华人民共和国个人信息保护法

（2021年8月20日第十三届全国人民代表大会常务委员会第三十次会议通过　2021年8月20日中华人民共和国主席令第91号公布　自2021年11月1日起施行）

目　　录

第一章　总　则

第一条　为了保护个人信息权益，规范个人信息处理活动，促进个人信息合理利用，根据宪法，制定本法。

第二条 自然人的个人信息受法律保护，任何组织、个人不得侵害自然人的个人信息权益。

第三条 在中华人民共和国境内处理自然人个人信息的活动，适用本法。

在中华人民共和国境外处理中华人民共和国境内自然人个人信息的活动，有下列情形之一的，也适用本法：

（一）以向境内自然人提供产品或者服务为目的；

（二）分析、评估境内自然人的行为；

（三）法律、行政法规规定的其他情形。

第四条 个人信息是以电子或者其他方式记录的与已识别或者可识别的自然人有关的各种信息，不包括匿名化处理后的信息。

个人信息的处理包括个人信息的收集、存储、使用、加工、传输、提供、公开、删除等。

第五条 处理个人信息应当遵循合法、正当、必要和诚信原则，不得通过误导、欺诈、胁迫等方式处理个人信息。

第六条 处理个人信息应当具有明确、合理的目的，并应当与处理目的直接相关，采取对个人权益影响最小的方式。

收集个人信息，应当限于实现处理目的的最小范围，不得过度收集个人信息。

第七条 处理个人信息应当遵循公开、透明原则，公开个人信息处理规则，明示处理的目的、方式和范围。

第八条 处理个人信息应当保证个人信息的质量，避免因个人信息不准确、不完整对个人权益造成不利影响。

第九条 个人信息处理者应当对其个人信息处理活动负责，并采取必要措施保障所处理的个人信息的安全。

第十条 任何组织、个人不得非法收集、使用、加工、传输他人个人信息，不得非法买卖、提供或者公开他人个人信息；不得从事危害国家安全、公共利益的个人信息处理活动。

第十一条 国家建立健全个人信息保护制度，预防和惩治侵害个人信息权益的行为，加强个人信息保护宣传教育，推动形成政府、企业、相关社会组织、公众共同参与个人信息保护的良好环境。

第十二条 国家积极参与个人信息保护国际规则的制定，促进个人信息保护方面的国际交流与合作，推动与其他国家、地区、国际组织之间的个人信息保护规则、标准等互认。

第二章 个人信息处理规则

第一节 一般规定

第十三条 符合下列情形之一的，个人信息处理者方可处理个人信息：

（一）取得个人的同意；

（二）为订立、履行个人作为一方当事人的合同所必需，或者按照依法制定的劳动规章制度和依法签订的集体合同实施人力资源管理所必需；

（三）为履行法定职责或者法定义务所必需；

（四）为应对突发公共卫生事件，或者紧急情况下为保护自然人的生命健康和财产安全所必需；

（五）为公共利益实施新闻报道、舆论监督等行为，在合理的范围内处理个人信息；

（六）依照本法规定在合理的范围内处理个人自行公开或者其他已经合法公开的个人信息；

（七）法律、行政法规规定的其他情形。

依照本法其他有关规定，处理个人信息应当取得个人同意，但是有前款第二项至第七项规定情形的，不需取得个人同意。

第十四条 基于个人同意处理个人信息的，该同意应当由个人在充分知情的前提下自愿、明确作出。法律、行政法规规定处理个人信息应当取得个人单独同意或者书面同意的，从其规定。

个人信息的处理目的、处理方式和处理的个人信息种类发生变更的，应当重新取得个人同意。

第十五条 基于个人同意处理个人信息的，个人有权撤回其同意。个人信息处理者应当提供便捷的撤回同意的方式。

个人撤回同意，不影响撤回前基于个人同意已进行的个人信息处理活动的效力。

第十六条 个人信息处理者不得以个人不同意处理其个人信息或者撤回同意为由，拒绝提供产品或者服务；处理个人信息属于提供产品或者服务所必需的除外。

第十七条 个人信息处理者在处理个人信息前，应当以显著方式、清晰易懂的语言真实、准确、完整地向个人告知下列事项：

（一）个人信息处理者的名称或者姓名和联系方式；

（二）个人信息的处理目的、处理方式，处理的个人信息种类、保存期限；

（三）个人行使本法规定权利的方式和程序；

（四）法律、行政法规规定应当告知的其他事项。

前款规定事项发生变更的，应当将变更部分告知个人。

个人信息处理者通过制定个人信息处理规则的方式告知第一款规定事项的，处理规则应当公开，并且便于查阅和保存。

第十八条 个人信息处理者处理个人信息，有法律、行政法规规定应当保密或者不需要告知的情形的，可以不向个人告知前条第一款规定的事项。

紧急情况下为保护自然人的生命健康和财产安全无法及时向个人告知的，个人信息处理者应当在紧急情况消除后及时告知。

第十九条 除法律、行政法规另有规定外，个人信息的保存期限应当为实现处理目的所必要的最短时间。

第二十条 两个以上的个人信息处理者共同决定个人信息的处理目的和处理方式的，应当约定各自的权利和义务。但是，该约定不影响个人向其中任何一个个人信息处理者要求行使本法规定的权利。

个人信息处理者共同处理个人信息，侵害个人信息权益造成损害的，应当依法承担连带责任。

第二十一条 个人信息处理者委托处理个人信息的，应当与受托人约定委托处理的目的、期限、处理方式、个人信息的种类、保护措施以及双方的权利和义务等，并对受托人的个人信息处理活动进行监督。

受托人应当按照约定处理个人信息，不得超出约定的处理目的、处理方式等处理个人信息；委托合同不生效、无效、被撤销或者终止的，受托人应当将个人信息返还个人信息处理者或者予以删除，不得保留。

未经个人信息处理者同意，受托人不得转委托他人处理个人信息。

第二十二条 个人信息处理者因合并、分立、解散、被宣告破产等原因需要转移个人信息的，应当向个人告知接收方的名称或者姓名和联系方式。接收方应当继续履行个人信息处理者的义务。接收方变更原先的处理目的、处理方式的，应当依照本法规定重新取得个人同意。

第二十三条 个人信息处理者向其他个人信息处理者提供其处理的个人信息的，应当向个人告知接收方的名称或者姓名、联系方式、处理目的、处理方式和个人信息的种类，并取得个人的单独同意。接收方应当在上述处理目的、处理方式和个人信息的种类等范围内处理个人信息。接收方变更原先的处理目的、处理方式的，应当依照本法规定重新取得个人同意。

第二十四条 个人信息处理者利用个人信息进行自动化决策，应当保证决策的透明度和结果公平、公正，不得对个人在交易价格等交易条件上实行不合理的差别待遇。

通过自动化决策方式向个人进行信息推送、商业营销，应当同时提供不针对其个人特征的选项，或者向个人提供便捷的拒绝方式。

通过自动化决策方式作出对个人权益有重大影响的决定，个人有权要求个人信息处理者予以说明，并有权拒绝个人信息处理者仅通过自动化决策的方式作出决定。

第二十五条 个人信息处理者不得公开其处理的个人信息，取得个人单独同意的除外。

第二十六条 在公共场所安装图像采集、个人身份识别设备，应当为维护公共安全所必需，遵守国家有关规定，并设置显著的提示标识。所收集的个人图像、身份识别信息只能用于维护公共安全的目的，不得用于其他目的；取得个人单独同意的除外。

第二十七条 个人信息处理者可以在合理的范围内处理个人自行公开或者其他已经合法公开的个人信息；个人明确拒绝的除外。个人信息处理者处理已公开的个人信息，对个人权益有重大影响的，应当依照本法规定取得个人同意。

第二节 敏感个人信息的处理规则

第二十八条 敏感个人信息是一旦泄露或者非法使用，容易导致自然人的人格尊严受到侵害或者人身、财产安全受到危害的个人信息，包括生物识别、宗教信仰、特定身份、医疗健康、金融账户、行踪轨迹等信息，以及不满十四周岁未成年人的个人信息。

只有在具有特定的目的和充分的必要性，并采取严格保护措施的情形下，个人信息处理者方可处理敏感个人信息。

第二十九条 处理敏感个人信息应当取得个人的单独同意；法律、行政法规规定处理敏感个人信息应当取得书面同意的，从其规定。

第三十条 个人信息处理者处理敏感个人信息的，除本法第十七条第一款规定的事项外，还应当向个人告知处理敏感个人信息的必要性以及对个人权益的影响；依照本法规定可以不向个人告知的除外。

第三十一条 个人信息处理者处理不满十四周岁未成年人个人信息的，应当取得未成年人的父母或者其他监护人的同意。

个人信息处理者处理不满十四周岁未成年人个人信息的，应当制定专门的个人信息处理规则。

第三十二条 法律、行政法规对处理敏感个人信息规定应当取得相关行政许可或者作出其他限制的，从其规定。

第三节 国家机关处理个人信息的特别规定

第三十三条 国家机关处理个人信息的活动，适用本法；本节有特别规定的，适用本节规定。

第三十四条 国家机关为履行法定职责处理个人信息，应当依照法律、行政法规规定的权限、程序进行，不得超出履行法定职责所必需的范围和限度。

第三十五条 国家机关为履行法定职责处理个人信息，应当依照本法规定履行告知义务；有本法第十八条第一款规定的情形，或者告知将妨碍国家机关履行法定职责的除外。

第三十六条 国家机关处理的个人信息应当在中华人民共和国境内存储；确需向境外提供的，应当进行安全评估。安全评估可以要求有关部门提供支持与协助。

第三十七条 法律、法规授权的具有管理公共事务职能的组织为履行法定职责处理个人信息，适用本法关于国家机关处理个人信息的规定。

第三章 个人信息跨境提供的规则

第三十八条 个人信息处理者因业务等需要，确需向中华人民共和国境外提供个人信息的，应当具备下列条件之一：

（一）依照本法第四十条的规定通过国家网信部门组织的安全评估；

（二）按照国家网信部门的规定经专业机构进行个人信息保护认证；

（三）按照国家网信部门制定的标准合同与境外接收方订立合同，约定双方的权利和义务；

（四）法律、行政法规或者国家网信部门规定的其他条件。

中华人民共和国缔结或者参加的国际条约、协定对向中华人民共和国境外提供个人信息的条件等有规定的，可以按照其规定执行。

个人信息处理者应当采取必要措施，保障境外接收方处理个人信息的活动达到本法规定的个人信息保护标准。

第三十九条 个人信息处理者向中华人民共和国境外提供个人信息的，应当向个人告知境外接收方的名称或者姓名、联系方式、处理目的、处理方式、个人信息的种类以及个人向境外接收方行使本法规定权利的方式和程序等事项，并取得个人的单独同意。

第四十条 关键信息基础设施运营者和处理个人信息达到国家网信部门规定数量的个人信息处理者，应当将在中华人民共和国境内收集和产生的个人信息存储在境内。确需向境外提供的，应当通过国家网信部门组织的安全评估；法律、行政法规和国家网信部门规定可以不进行安全评估的，从其规定。

第四十一条 中华人民共和国主管机关根据有关法律和中华人民共和国缔结或者参加的国际条约、协定，或者按照平等互惠原则，处理外国司法或者执法机构关于提供存储于境内个人信息的请求。非经中华人民共和国主管机关批准，个人信息处理者不得向外国司法或者执法机构提供存储于中华人民共和国境内的个人信息。

第四十二条 境外的组织、个人从事侵害中华人民共和国公民的个人信息权益，或者危害中华人民共和国国家安全、公共利益的个人信息处理活动的，国家网信部门可以将其列入限制或者禁止个人信息提供清单，予以公告，并采取限制或者禁止向其提供个人信息等措施。

第四十三条 任何国家或者地区在个人信息保护方面对中华

人民共和国采取歧视性的禁止、限制或者其他类似措施的，中华人民共和国可以根据实际情况对该国家或者地区对等采取措施。

第四章　个人在个人信息处理活动中的权利

第四十四条　个人对其个人信息的处理享有知情权、决定权，有权限制或者拒绝他人对其个人信息进行处理；法律、行政法规另有规定的除外。

第四十五条　个人有权向个人信息处理者查阅、复制其个人信息；有本法第十八条第一款、第三十五条规定情形的除外。

个人请求查阅、复制其个人信息的，个人信息处理者应当及时提供。

个人请求将个人信息转移至其指定的个人信息处理者，符合国家网信部门规定条件的，个人信息处理者应当提供转移的途径。

第四十六条　个人发现其个人信息不准确或者不完整的，有权请求个人信息处理者更正、补充。

个人请求更正、补充其个人信息的，个人信息处理者应当对其个人信息予以核实，并及时更正、补充。

第四十七条　有下列情形之一的，个人信息处理者应当主动删除个人信息；个人信息处理者未删除的，个人有权请求删除：

（一）处理目的已实现、无法实现或者为实现处理目的不再必要；

（二）个人信息处理者停止提供产品或者服务，或者保存期限已届满；

（三）个人撤回同意；

（四）个人信息处理者违反法律、行政法规或者违反约定处理个人信息；

（五）法律、行政法规规定的其他情形。

法律、行政法规规定的保存期限未届满，或者删除个人信息从技术上难以实现的，个人信息处理者应当停止除存储和采取必要的安全保护措施之外的处理。

第四十八条 个人有权要求个人信息处理者对其个人信息处理规则进行解释说明。

第四十九条 自然人死亡的，其近亲属为了自身的合法、正当利益，可以对死者的相关个人信息行使本章规定的查阅、复制、更正、删除等权利；死者生前另有安排的除外。

第五十条 个人信息处理者应当建立便捷的个人行使权利的申请受理和处理机制。拒绝个人行使权利的请求的，应当说明理由。

个人信息处理者拒绝个人行使权利的请求的，个人可以依法向人民法院提起诉讼。

第五章 个人信息处理者的义务

第五十一条 个人信息处理者应当根据个人信息的处理目的、处理方式、个人信息的种类以及对个人权益的影响、可能存在的安全风险等，采取下列措施确保个人信息处理活动符合法律、行政法规的规定，并防止未经授权的访问以及个人信息泄露、篡改、丢失：

（一）制定内部管理制度和操作规程；

（二）对个人信息实行分类管理；

（三）采取相应的加密、去标识化等安全技术措施；

（四）合理确定个人信息处理的操作权限，并定期对从业人员进行安全教育和培训；

（五）制定并组织实施个人信息安全事件应急预案；

（六）法律、行政法规规定的其他措施。

第五十二条 处理个人信息达到国家网信部门规定数量的个人信息处理者应当指定个人信息保护负责人，负责对个人信息处理活动以及采取的保护措施等进行监督。

个人信息处理者应当公开个人信息保护负责人的联系方式，并将个人信息保护负责人的姓名、联系方式等报送履行个人信息保护职责的部门。

第五十三条 本法第三条第二款规定的中华人民共和国境外的个人信息处理者，应当在中华人民共和国境内设立专门机构或者指定代表，负责处理个人信息保护相关事务，并将有关机构的名称或者代表的姓名、联系方式等报送履行个人信息保护职责的部门。

第五十四条 个人信息处理者应当定期对其处理个人信息遵守法律、行政法规的情况进行合规审计。

第五十五条 有下列情形之一的，个人信息处理者应当事前进行个人信息保护影响评估，并对处理情况进行记录：

（一）处理敏感个人信息；

（二）利用个人信息进行自动化决策；

（三）委托处理个人信息、向其他个人信息处理者提供个人信息、公开个人信息；

（四）向境外提供个人信息；

（五）其他对个人权益有重大影响的个人信息处理活动。

第五十六条 个人信息保护影响评估应当包括下列内容：

（一）个人信息的处理目的、处理方式等是否合法、正当、必要；

（二）对个人权益的影响及安全风险；

（三）所采取的保护措施是否合法、有效并与风险程度相适应。

个人信息保护影响评估报告和处理情况记录应当至少保存三年。

第五十七条 发生或者可能发生个人信息泄露、篡改、丢失的，个人信息处理者应当立即采取补救措施，并通知履行个人信息保护职责的部门和个人。通知应当包括下列事项：

（一）发生或者可能发生个人信息泄露、篡改、丢失的信息种类、原因和可能造成的危害；

（二）个人信息处理者采取的补救措施和个人可以采取的减轻危害的措施；

（三）个人信息处理者的联系方式。

个人信息处理者采取措施能够有效避免信息泄露、篡改、丢失造成危害的，个人信息处理者可以不通知个人；履行个人信息保护职责的部门认为可能造成危害的，有权要求个人信息处理者通知个人。

第五十八条 提供重要互联网平台服务、用户数量巨大、业务类型复杂的个人信息处理者，应当履行下列义务：

（一）按照国家规定建立健全个人信息保护合规制度体系，成立主要由外部成员组成的独立机构对个人信息保护情况进行监督；

（二）遵循公开、公平、公正的原则，制定平台规则，明确平台内产品或者服务提供者处理个人信息的规范和保护个人信息的义务；

（三）对严重违反法律、行政法规处理个人信息的平台内的产品或者服务提供者，停止提供服务；

（四）定期发布个人信息保护社会责任报告，接受社会监督。

第五十九条 接受委托处理个人信息的受托人，应当依照本法和有关法律、行政法规的规定，采取必要措施保障所处理的个人信息的安全，并协助个人信息处理者履行本法规定的义务。

第六章 履行个人信息保护职责的部门

第六十条 国家网信部门负责统筹协调个人信息保护工作和相关监督管理工作。国务院有关部门依照本法和有关法律、行政法规的规定，在各自职责范围内负责个人信息保护和监督管理工作。

县级以上地方人民政府有关部门的个人信息保护和监督管理职责，按照国家有关规定确定。

前两款规定的部门统称为履行个人信息保护职责的部门。

第六十一条 履行个人信息保护职责的部门履行下列个人信息保护职责：

（一）开展个人信息保护宣传教育，指导、监督个人信息处理者开展个人信息保护工作；

（二）接受、处理与个人信息保护有关的投诉、举报；

（三）组织对应用程序等个人信息保护情况进行测评，并公布测评结果；

（四）调查、处理违法个人信息处理活动；

（五）法律、行政法规规定的其他职责。

第六十二条 国家网信部门统筹协调有关部门依据本法推进下列个人信息保护工作：

（一）制定个人信息保护具体规则、标准；

（二）针对小型个人信息处理者、处理敏感个人信息以及人脸识别、人工智能等新技术、新应用，制定专门的个人信息保护规则、标准；

（三）支持研究开发和推广应用安全、方便的电子身份认证技术，推进网络身份认证公共服务建设；

（四）推进个人信息保护社会化服务体系建设，支持有关机构开展个人信息保护评估、认证服务；

（五）完善个人信息保护投诉、举报工作机制。

第六十三条 履行个人信息保护职责的部门履行个人信息保护职责，可以采取下列措施：

（一）询问有关当事人，调查与个人信息处理活动有关的情况；

（二）查阅、复制当事人与个人信息处理活动有关的合同、记录、账簿以及其他有关资料；

（三）实施现场检查，对涉嫌违法的个人信息处理活动进行调查；

（四）检查与个人信息处理活动有关的设备、物品；对有证据证明是用于违法个人信息处理活动的设备、物品，向本部门主要负责人书面报告并经批准，可以查封或者扣押。

履行个人信息保护职责的部门依法履行职责，当事人应当予以协助、配合，不得拒绝、阻挠。

第六十四条 履行个人信息保护职责的部门在履行职责中，发现个人信息处理活动存在较大风险或者发生个人信息安全事件的，可以按照规定的权限和程序对该个人信息处理者的法定代表人或者主要负责人进行约谈，或者要求个人信息处理者委托专业机构对其个人信息处理活动进行合规审计。个人信息处理者应当按照要求采取措施，进行整改，消除隐患。

履行个人信息保护职责的部门在履行职责中，发现违法处理个人信息涉嫌犯罪的，应当及时移送公安机关依法处理。

第六十五条 任何组织、个人有权对违法个人信息处理活动向履行个人信息保护职责的部门进行投诉、举报。收到投诉、举报的部门应当依法及时处理，并将处理结果告知投诉、举报人。

履行个人信息保护职责的部门应当公布接受投诉、举报的联系方式。

第七章　法律责任

第六十六条　违反本法规定处理个人信息，或者处理个人信息未履行本法规定的个人信息保护义务的，由履行个人信息保护职责的部门责令改正，给予警告，没收违法所得，对违法处理个人信息的应用程序，责令暂停或者终止提供服务；拒不改正的，并处一百万元以下罚款；对直接负责的主管人员和其他直接责任人员处一万元以上十万元以下罚款。

有前款规定的违法行为，情节严重的，由省级以上履行个人信息保护职责的部门责令改正，没收违法所得，并处五千万元以下或者上一年度营业额百分之五以下罚款，并可以责令暂停相关业务或者停业整顿、通报有关主管部门吊销相关业务许可或者吊销营业执照；对直接负责的主管人员和其他直接责任人员处十万元以上一百万元以下罚款，并可以决定禁止其在一定期限内担任相关企业的董事、监事、高级管理人员和个人信息保护负责人。

第六十七条　有本法规定的违法行为的，依照有关法律、行政法规的规定记入信用档案，并予以公示。

第六十八条　国家机关不履行本法规定的个人信息保护义务的，由其上级机关或者履行个人信息保护职责的部门责令改正；对直接负责的主管人员和其他直接责任人员依法给予处分。

履行个人信息保护职责的部门的工作人员玩忽职守、滥用职权、徇私舞弊，尚不构成犯罪的，依法给予处分。

第六十九条　处理个人信息侵害个人信息权益造成损害，个人信息处理者不能证明自己没有过错的，应当承担损害赔偿等侵权责任。

前款规定的损害赔偿责任按照个人因此受到的损失或者个人信息处理者因此获得的利益确定；个人因此受到的损失和个人信息处理者因此获得的利益难以确定的，根据实际情况确定赔偿数额。

第七十条　个人信息处理者违反本法规定处理个人信息，侵害众多个人的权益的，人民检察院、法律规定的消费者组织和由国家网信部门确定的组织可以依法向人民法院提起诉讼。

第七十一条　违反本法规定，构成违反治安管理行为的，依法给予治安管理处罚；构成犯罪的，依法追究刑事责任。

第八章　附　则

第七十二条　自然人因个人或者家庭事务处理个人信息的，不适用本法。

法律对各级人民政府及其有关部门组织实施的统计、档案管理活动中的个人信息处理有规定的，适用其规定。

第七十三条　本法下列用语的含义：

（一）个人信息处理者，是指在个人信息处理活动中自主决定处理目的、处理方式的组织、个人。

（二）自动化决策，是指通过计算机程序自动分析、评估个人的行为习惯、兴趣爱好或者经济、健康、信用状况等，并进行决策的活动。

（三）去标识化，是指个人信息经过处理，使其在不借助额外信息的情况下无法识别特定自然人的过程。

（四）匿名化，是指个人信息经过处理无法识别特定自然人且不能复原的过程。

第七十四条 本法自2021年11月1日起施行。

中华人民共和国民法典（节录）

（2020 年 5 月 28 日第十三届全国人民代表大会第三次会议通过　2020 年 5 月 28 日中华人民共和国主席令第 45 号公布　自 2021 年 1 月 1 日起施行）

第一编　总　则

第五章　民事权利

……

第一百一十一条　【个人信息受法律保护】自然人的个人信息受法律保护。任何组织或者个人需要获取他人个人信息的，应当依法取得并确保信息安全，不得非法收集、使用、加工、传输他人个人信息，不得非法买卖、提供或者公开他人个人信息。

……

第四编　人 格 权

第一章　一般规定

……

第九百九十九条　【人格利益的合理使用】为公共利益实施新闻报道、舆论监督等行为的，可以合理使用民事主体的姓名、名称、肖像、个人信息等；使用不合理侵害民事主体人格权的，应当依法承担民事责任。

……

第六章　隐私权和个人信息保护

第一千零三十二条 【隐私权及隐私】自然人享有隐私权。任何组织或者个人不得以刺探、侵扰、泄露、公开等方式侵害他人的隐私权。

隐私是自然人的私人生活安宁和不愿为他人知晓的私密空间、私密活动、私密信息。

第一千零三十三条 【侵害隐私权的行为】除法律另有规定或者权利人明确同意外，任何组织或者个人不得实施下列行为：

（一）以电话、短信、即时通讯工具、电子邮件、传单等方式侵扰他人的私人生活安宁；

（二）进入、拍摄、窥视他人的住宅、宾馆房间等私密空间；

（三）拍摄、窥视、窃听、公开他人的私密活动；

（四）拍摄、窥视他人身体的私密部位；

（五）处理他人的私密信息；

（六）以其他方式侵害他人的隐私权。

第一千零三十四条 【个人信息保护】自然人的个人信息受法律保护。

个人信息是以电子或者其他方式记录的能够单独或者与其他信息结合识别特定自然人的各种信息，包括自然人的姓名、出生日期、身份证件号码、生物识别信息、住址、电话号码、电子邮箱、健康信息、行踪信息等。

个人信息中的私密信息，适用有关隐私权的规定；没有规定的，适用有关个人信息保护的规定。

第一千零三十五条 【个人信息处理的原则】处理个人信息的，应当遵循合法、正当、必要原则，不得过度处理，并符合下列条件：

（一）征得该自然人或者其监护人同意，但是法律、行政法规另有规定的除外；

（二）公开处理信息的规则；

（三）明示处理信息的目的、方式和范围；

（四）不违反法律、行政法规的规定和双方的约定。

个人信息的处理包括个人信息的收集、存储、使用、加工、传输、提供、公开等。

第一千零三十六条 【处理个人信息的免责事由】处理个人信息，有下列情形之一的，行为人不承担民事责任：

（一）在该自然人或者其监护人同意的范围内合理实施的行为；

（二）合理处理该自然人自行公开的或者其他已经合法公开的信息，但是该自然人明确拒绝或者处理该信息侵害其重大利益的除外；

（三）为维护公共利益或者该自然人合法权益，合理实施的其他行为。

第一千零三十七条 【个人信息主体的权利】自然人可以依法向信息处理者查阅或者复制其个人信息；发现信息有错误的，有权提出异议并请求及时采取更正等必要措施。

自然人发现信息处理者违反法律、行政法规的规定或者双方的约定处理其个人信息的，有权请求信息处理者及时删除。

第一千零三十八条 【个人信息安全】信息处理者不得泄露或者篡改其收集、存储的个人信息；未经自然人同意，不得向他人非法提供其个人信息，但是经过加工无法识别特定个人且不能复原的除外。

信息处理者应当采取技术措施和其他必要措施，确保其收集、存储的个人信息安全，防止信息泄露、篡改、丢失；发生或者可能发生个人信息泄露、篡改、丢失的，应当及时采取补救措施，按照规定告知自然人并向有关主管部门报告。

第一千零三十九条 【国家机关及其工作人员对个人信息的保密义务】国家机关、承担行政职能的法定机构及其工作人员对于履行职责过程中知悉的自然人的隐私和个人信息，应当予以保密，不得泄露或者向他人非法提供。

第七编　侵权责任

第六章　医疗损害责任

……

第一千二百二十六条 【患者隐私和个人信息保护】医疗机构

及其医务人员应当对患者的隐私和个人信息保密。泄露患者的隐私和个人信息，或者未经患者同意公开其病历资料的，应当承担侵权责任。

……

图书在版编目（CIP）数据

最新《个人信息保护法》100问／中国法制出版社编
.—北京：中国法制出版社，2021.9
（公民新法早知道系列）
ISBN 978－7－5216－2128－0

Ⅰ.①最…　Ⅱ.①中…　Ⅲ.①个人信息－法律保护－中国－问题解答　Ⅳ.①D922.705

中国版本图书馆CIP数据核字（2021）第176758号

责任编辑：程思　　封面设计：杨泽江

最新《个人信息保护法》100问

ZUIXIN《GEREN XINXI BAOHUFA》100 WEN

编者/中国法制出版社
经销/新华书店
印刷/应信印务（北京）有限公司
开本/880毫米×1230毫米　32开　　印张/5　字数/58千
版次/2021年9月第1版　　2022年6月第2次印刷

中国法制出版社出版
书号 ISBN 978－7－5216－2128－0　　定价：25.00元

北京市西城区西便门西里甲16号西便门办公区
邮政编码：100053　　传真：010－63141852
网址：http：//www.zgfzs.com　　**编辑部电话：010－63141796**
市场营销部电话：010－63141612　　**印务部电话：010－63141606**